항공기내방송

In-Flight Announcement

기내방송문
MP3 파일 제공
www.seromi.kr
[자료실]

박연옥

윤선정

SEROMI

_ PREFACE

전 세계 항공업계는 대형항공사 간 글로벌제휴와 저비용항공사의 대거 출현으로 인해 경쟁이 치열해지고 있다. 뿐만 아니라 항공여행이 대중화되면서 승객들의 욕구가 다양해지고 있으며, 이로 인해 항공서비스에 대한 기대치가 높아짐에 따라 각 항공사는 서비스의 질을 높이기 위해 고군분투하고 있다.

또한 항공사들의 글로벌제휴로 인해 국내항공사에 탑승하는 외국인의 수가 증가하고 있고, 세계화에 발맞추어 영어를 구사하는 인구가 증가함에 따라 국내항공사에서는 승무원을 대상으로 외국어 교육뿐만 아니라 한국어, 영어를 기본으로 하는 기내방송에 대한 교육을 강화하고 있다. 그리하여 최근 국내외 항공사에서는 보다 유능한 신입승무원을 채용하기 위해 기존의 면접방식에 [기내방송문 읽기]를 추가하여 채용기준에 포함하고 있다.

저자는 십여 년간 항공사에서 객실승무원으로 근무하였고, 현재 대학에서 승무원이 되기 위해 준비하는 학생들을 가르치고 있다. 객실승무원으로서 필요한 자질을 갖추기 위한 교육 내용 중의 하나인 기내방송에 대한 학생들의 이해를 돕고 항공사 면접에 보다 효율적으로 대비하는 데 도움이 되고자 하는 마음으로 이 책을 발간하게 되었다.

한국어, 영어의 올바른 발음 구사를 통한 좋은 기내방송은 결코 짧은 시간에 이루어지지 않는다. 기내방송을 잘하기 위해서는 기내방송에 대한 이해와 방송문에 대한 내용을 정확하게 파악하는 것이 선행되어야 하며, 더불어 꾸준히 반복하며 연습해야 한다. 모쪼록 이 교재가 승무원을 꿈꾸는 모든 학생에게 유용하게 활용되었으면 하는 바람과 함께 모두에게 좋은 결과가 있길 기원한다.

마지막으로 본 교재가 발간될 수 있도록 기다리고 도와주신 새로미 출판사 대표님과 기내방송문 녹음에 기꺼이 참여해 준 오랜 친구 황혜미에게 감사의 마음을 전한다.

2020년 8월 저자

_ CONTENTS

PART 05 기내방송연습 I - ROUTINE ANNOUNCEMENT

PART 01

기내방송 준비

In-Flight Announcement

CHAPTER

01 기내방송의 이해

학습목표

기내방송의 목적, 특성, 중요성, 규정 및 절차 등의 기본 지식을 습득한다. 또한, 항공기 내에서 이루어지는 기내방송의 종류 및 순서를 파악한다.

항공운송산업의 발달로 인해 이제 전 세계는 하루 생활권으로 변모하고 있으며, 항공기는 이제 대중적인 교통수단으로 여겨지고 있다. 또한 항공여행이 보편화되어 이용객이 증가하면서 승객들 역시 항공서비스에 대해 익숙하게 되었다. 그럼으로 인해 승객들은 여러 항공사의 서비스를 비교·평가하기도 하고, 기대에 미치지 못하는 서비스에 대해서는 컴플레인을 제기하기도 한다. 기내방송 역시 항공서비스를 구성하는 중요한 부분이라고 할 수 있는데, 항공사들의 글로벌 제휴로 인해 국적항공사에 탑승하는 외국인의 수가 증가하는 추세에 있고, 세계화에 발맞춰 영어를 모국어로 하는 인구가 증가함에 따라 국적항공사에서는 승무원을 대상으로 외국어 교육뿐만 아니라 한국어, 영어를 기본으로 하는 기내방송에 대한 교육을 강화하고 있다. 더불어 항공사 객실승무원의 입사교육 및 승진 시 요구되는 기본 역량에도 기내방송에 대한 중요도는 계속 강조되고 있다.

01 기내방송의 개요

기내방송이란 비행 중 기내에서 실시하는 모든 방송을 말한다. 예를 들면, 기내에 탑승하면 듣게 되는 운항승무원의 방송(Captain Announcement)과 객실승무원의 방송(In-Flight Announcement), 그리고 미리 녹음된 상태로 장착되어 있어 비행 중이나 비상시에 사용할 수 있는 Pre-Recorded Announcement, 기내 엔터테인먼트 시스템에 의한 방송, Boarding Music 등을 모두 기내방송이라 한다.

비행 중에는 다양한 형태의 기내방송이 실시되는데, 이러한 기내방송에는 우선순위가 있다. 다시 말하면 하위방송이 실시되고 있더라도 상위방송이 시작되면 하위방송은 작동을 멈춘다는 것이다. 예를 들면 승객이 영화를 보는 중에 객실승무원이 방송을 실시하면 방송이 나오는 동안 영화의 화면이나 음향은 멈추게 된다.

기내방송의 우선순위

- Captain Announcement
- In-Flight Announcement
- Pre-Recorded Announcement
- 기내 엔터테인먼트 시스템에 의한 방송
- Boarding Music

기내방송은 운항노선에 따라 국내선(Domestic)/국제선(International) 기내방송으로 구분된다. 또한, 기내방송은 그 성격에 따라 다음과 같이 구분되는데, ① 정상적인 비행과정과 서비스 절차에 따른 방송인 Routine Announcement, ② 항공기 출·도착 지연, 회항, 대기, 서비스 지연 등과 같이 비정상적인 상황에 대한 정보를 제공하기 위한 Irregular Announcement, 그리고 ③ 명절, 국경일, 기타 특정일에 제공되는 특별기내방송, 각 항공사의 이벤트와 프로그램을 소개하기 위한 특별안내방송, 단체승객탑승 등 승객의 요청이나 항공사의 필요에 따른 특별방송 등이 있다.

항공여행이 보편화됨에 따라 항공서비스에 대한 경험이 많아진 승객들은 다양해진 자신들의 욕구들을 당연하게 표출하게 되었고, 항공서비스에 대한 전반적인 기대치 역시 높아짐에 따라 기내서비스 중 한 부분을 차지하는 기내방송에 대한 중요성도 커지고 있다. 최근에 들어서는 기내방송이 항공사의 기내서비스 품질과 그 수준을 결정하는 요소 중 하나로서 중요한 비중을 차지하고 있다.

실제로 항공사에 접수되는 승객의 불만 사례 중 기내방송에 대한 부분이 상당부분을 차지하고 있는데, 그 중에서도 객실승무원에 의해 실시되는 기내방송이 가장 많은 부분을 차지하고 있다. 기내방송은 한국어뿐만 아니라 영어 등 외국어를 포함한 개인의 언어능력 이외에도 개개인의 목소리와 발음, 언어 습관, 사투리 사용 등에 의해 방송의 질이 달라질 수 있다. 특히 영어방송의 경우, 어학 성적이 아무리 우수하더라도 영어 발음을 하는 데 있어 개인의 발음 습관으로 인해 영어를 모국어로 하는 승객들이 방송내용을 명확하게 이해하지 못하는 경우가 있다. 기내방송은 승무원을 위한 것이 아니라 비행 내내 선택의 여지 없이 들어야 하는 승객을 위한 것으로 승무원의 기내방송이 승객들에게 정확한 의미로 전달되지 않는다면 기내방송으로서 제대로 된 기능을 하지 못하는 것이다. 또한, 종교, 정치 등의 개인 의견이 반영된 방송문을 추가하여 방송하는 것은 공공성을 지닌 기내방송에서는 지양해야 하는 점이다. 이러한 이유로 최근 항공사에서는 승무원 채용 절차 중 기내방송문 읽기를 추가하여 평가 기준으로 활용하고 있는 추세이다. 따라서 기내방송에 대한 정확한 이해와 올바른 발음 및 방법으로 방송을 하기 위해서는 각 기내방송문안의 시점과 내용에 대한 파악과 함께 반복적이고 끊임없는 연습을 해야 한다. 실제로 꾸준한 연습을 통해 잘못된 발음과 억양 등을 교정하여 방송을 아주 잘하게 된 승무원들을 많이 볼 수 있다. 기내방송을 잘하려면 본인의 타고난 자질도 필요하겠지만 보다 더 중요한 것은 부족한 점을 극복하고자 부단히 노력하는 자세이다. 그러므로 인내심을 가지고 지속적인 연습을 통해 항공사에서 요구하는 승무원으로서의 자질을 갖출 수 있도록 노력해야 한다.

02 기내방송의 목적

기내방송의 목적은 다음과 같이 두 가지를 들 수 있다.

첫째, 기내방송은 비행 중에 승객들을 대상으로 실시하는 정보의 전달매체로서 항공여행 중 발생하는 모든 상황에 대한 정보를 승객들에게 적시에 효과적으로 전달하고자 하는 것이다. 따라서 방송의 내용은 전반적으로 해당 비행과 관련된 정보들이 포함된다. 다시 말하면, 비행편명, 목적지, 비행시간, 비행고도, 항로상과 목적지의 날씨 등과 관련된 비행 정보와 Safety Demonstration, 이착륙과 Turbulence 발생 시 필요한 안전과 관련된 사항, 그리고 기내에서 제공되는 서비스의 내용과 순서, 기내판매, 출입국 서류 안내 등과 같은 서비스 안내 등 해당 비행과 관련된 모든 상황에 대한 제반 정보를 적시에 전달하여 승객들의 정보에 대한 욕구를 충족시키고자 함이다.

둘째, 기내방송은 Safety Demonstration, 이착륙 안전 수칙과 Turbulence 발생 및 비상상황 등과 같이 비행 중 안전과 관련하여 승객을 효과적으로 통제하여 효율적인 대처를 가능하게 하기 위한 수단으로 활용함으로써 궁극적으로 승객들에게 편안하고 안전한 항공서비스를 제공하는 것을 목적으로 한다.

03 기내방송의 특성

비행 중 실시되는 기내방송은 다음과 같은 특성이 있다.

첫째, 기내방송은 기내에 탑승한 모든 승객을 대상으로 한다. 그리고 방송의 내용은 전반적으로 해당 비행과 관련된 정보들이 포함된다. 따라서 방송은 승무원 임의대로 해서는 안 되며, 정해진 절차와 시점에 따라 기내방송 매뉴얼에 의거하여 실시하여야 한다.

둘째, 기내방송은 시각적인 형태가 아닌 청각적인 형태 즉, 음성언어로만 전달되기 때문에 목소리가 중요한 부분을 차지한다. 따라서 명확하고 효과적인 의미전달을 위해서는 정확한 표준발음과 자연스러운 억양, 알맞은 크기의 소리와 호흡, 그리고 적당한 속도로 기내방송을 하여야 한다.

셋째, 기내방송은 표정을 통해서도 전달되는 특징이 있다. 보통 기내에서 승무원이 승객과 대화할 때는 서로의 눈 맞춤, 표정, 보디랭귀지나 제스처와 같은 비언어적 커뮤니케이션 스킬을 통해 효과적으로 의사소통을 할 수 있다. 반면에 기내방송은 방송하는 승무원의 표정이 승객들에게 노출되지 않으며 단지 음성을 통해서만 전달되는 것이 대부분이다. 그러나 방송하는 승무원의 표정과 느낌은 목소리를 통해 그대로 전달되므로 방송하는 승무원의 밝고 친절한 느낌이 함께 전달될 수 있도록 생동감 있는 표정으로 방송에 임해야 한다.

04 기내방송의 중요성

최근에 와서는 항공사의 기내서비스 품질과 수준을 결정짓는 요소 중 하나로 기내방송에 대한 중요성이 부각되고 있다.

승객들은 비행 중 비행과 서비스 절차와 관련된 기내방송뿐만 아니라 기류변화로 인한 기체요동, 서비스 지연, 출·도착 지연 등 비정상적인 상황에 대한 기내방송을 선택의 여지 없이 비행 내내 계속 듣게 된다. 다시 말하면, 승객이 비행 중에 좋아하는 음악을 듣거나 재미있는 영화를 보는 중이더라도 승무원의 기내방송이 시작되면 음악과 영화는 멈추게 되어 승객은 자신들의 의지와는 상관없이 무조건 승무원의 기내방송을 듣게 된다는 것이다. 그런데 방송을 하는 승무원의 발음이 정확하지 않거나, 거슬리는 사투리를 사용한다거나, 억양이 부자연스러운 경우의 기내방송은 단지 듣기 싫고 짜증나는 소음에 불과할 것이다. 반면에 비행 중 계속해서 정확하고 상냥한 목소리의 세련된 방송을 듣게 된다면, 승객들은 기내방송의 내용을 명확하게 알아들을 수 있을 뿐만 아니라 항공사는 물론 승무원의 수준을 높게 평가할 것이다. 또한, 정보제공의 차원에 볼 때 운항 지연이나 회항, 그리고 Turbulence나 그로 인해 발생하는 서비스 지연, 비정상적인 상황 등의 특별한 상황이 발생했는데도 방송을 통한 적절한 안내가 이루어지지 않는다면 승객들은 불안해하고 궁금해 할 것이므로, 다른 모든 서비스가 만족스럽더라도 승객들은 결국 실망하게 될 것이다. 따라서 좋은 기내방송이란 승객을 위하는 밝고 정성스러운 목소리로, 승객에게 필요한 정보를 시기적절하게 정확하고 세련된 방법으로 전달하며, 늘 새롭고 신선한 느낌을 주는 방송이라고 하겠다.

그러므로 기내방송을 하는 승무원은 무엇보다도 항공사를 대표한다는 자부심과 책임감을 가지고 방송에 임하는 자세를 가져야 한다.

05 기내방송의 규정과 절차

5.1 기내방송의 책임

일반적으로 항공사에 객실승무원으로 입사하면 일정기간동안 신입승무원 직무

교육 및 훈련을 받게 된다. 이때 기내방송에 대한 교육도 이루어지는데, 기내방송 자격을 취득하기 위해서는 한국어, 영어를 기본으로 일본어, 중국어 등 외국어를 포함한 기내방송 매뉴얼을 토대로 반복적인 연습을 통해 테스트에 응해야 한다. 항공사에서는 일정한 평가기준에 의거해 테스트에 합격한 객실승무원에게 기내방송자격을 등급별로 부여하고 있고, 기내방송자격의 유무는 영어자격 및 근태점수와 함께 향후 업무 평가 및 직급 부여에도 영향을 미친다.

기내방송은 기내방송자격을 취득한 승무원에 한하여 자격이 주어지며, 일반적으로 기내방송은 해당 편 승무원 중 방송자격 최상위 등급자가 실시하는 것을 원칙으로 한다.

방송을 담당하는 승무원은 기내방송의 목적과 중요성을 인식하여 승객들에게 정확하고 효과적으로 의미를 전달할 수 있도록 방송문의 내용을 완벽하게 이해하고 암기하여 어떠한 상황과 환경에서도 절차와 시점에 맞는 능숙한 방송을 할 수 있도록 끊임없이 연습하고 훈련해야 한다.

전반적인 기내방송의 품질에 대한 책임은 방송을 담당한 해당 승무원에게 있으나, 최종책임은 기내서비스의 모든 업무를 통솔하고 책임지는 객실사무장에게 있으므로 합리적인 방송 Duty 부여와 함께 좋은 기내방송이 이루어질 수 있도록 독려해야 한다.

5.2 기내방송의 기준과 절차

기내방송 담당 승무원은 비행 중 승객에게 최상의 기내방송 서비스를 제공하기 위해서 다음과 같은 기준과 절차에 따라 기내방송을 실시하도록 한다.

1. 항공기 기종과 기령에 따라 PA(Public Address)의 종류와 성능에 다소 차이가 있다. 따라서 Ground 준비 시 PA(Public Address)의 음질과 볼륨, 잡음 발생 여부 등을 점검하여 최적의 상태에서 방송할 수 있도록 한다.

PA의 종류

PA와 Interphone의 분리형	B737
PA와 Interphone의 합체형	B747, B767, B777, A380, A330, A321, A320

PA 사용 시 주의사항

- 비행 전 PA 상태를 확인하고, 비행 중에도 계속 PA 상태를 모니터링 하여야 한다. 소리의 크기, 잡음 또는 울림 상태 등을 확인한다.
- 마이크는 파열음이 생기지 않도록 입술 정면에 두지 않고, 비스듬히 얼굴 옆쪽으로 두고, 5~10cm의 적정한 거리를 두고 방송한다. 너무 가까우면 파열음과 숨소리가 크게 들리고, 너무 먼 경우 방송 소리보다 주변의 소음이 더 크게 들릴 수 있으므로 적당한 거리 유지를 위해 사전 테스트를 하도록 한다.
- PTT(Push to Talk) Button을 방송 시작부터 끝날 때까지 꾹 누르고 방송을 하여야 중간에 방송이 끊어지지 않는다.
- 항공기 천장에 설치된 스피커에서 방송 시 '삐~~' 하는 기계음이 발생할 수 있으므로 스피커와 PA가 마주 보지 않도록 주의한다.
- 방송 시 주변 Galley 소음, 대화 내용 등이 방송에 영향을 미치므로 방송실시자 및 주변 사람들은 주의해야 한다.
- 방송 시 갑자기 큰 소리로 방송하지 않도록 한다. 승객들이 휴식을 취하고 나오는 첫 방송인 Wake-up 방송, 그리고 Farewell 방송 시에는 PTT를 누르고 2초 후 차분한 톤으로 방송을 시작하는 것이 좋다.

기종별 PA Handset 사용법

- B737: PA를 입술 옆 측면에 두고(PA를 입술 정면에 두면 파열음이 심하게 남) PTT(Push to Talk) Button을 누르고 방송한다. 방송 시 입술과 PA의 거

리는 5~10cm 정도로 유지하되, 기내소음 및 PA 볼륨을 비행 전 PA 테스트를 통해 결정하여 방송한다.

- B767: PA Handset의 PA Button을 누르고, PTT Button을 누르면서 방송을 한다. 방송 시 전화기 모양의 Handset을 귀에 꼭 가져다 대지 않고 PA 기능의 아래쪽 마이크를 입술 정면이 아닌 살짝 비스듬히 대고 거리를 유지하고 방송한다.
- B747, B777: PA Handset의 PA에 해당하는 숫자를 누르고(예: PA ALL 46), PTT Button을 누르면서 방송한다.
- A380, A330, A321: PA Handset의 PA Button을 누르고, PTT Button을 누르면서 방송한다.

2. 모든 기내방송은 항공사 기내방송 매뉴얼에 근거하여 정확한 시점과 절차에 맞추어 실시한다. 실수 없는 방송을 하기 위해서는 설사 기내방송문을 모두 암기하고 있다 하더라도 반드시 방송 매뉴얼을 보면서 기내방송을 실시하도록 한다.
3. Irregular한 상황이 발생하여 기내방송 매뉴얼에 명시된 방송문 외에 임의로 방송 문안을 만들어 방송한 경우에는 비행 종료 후 관련 내용을 보고한다.
4. Delay 방송을 해야 하는 경우에는 최초 발생 시 즉시 실시하며, 예상되는 지연시간과 승객들의 심리상태 등을 최대한 고려하여 사무장의 관리하에 5~10분 간격으로 방송 간격을 조절한다. 또한 변동사항이 발생하면 즉시 방송을 실시하여 승객에게 정확한 정보를 제공하도록 한다.
5. 항공기 운항노선에 따른 언어별 기내방송의 차이가 있다. 국내선의 경우 한국어 → 영어 순으로 육성으로 방송하는 것이 원칙이나, 내국인만 탑승한 것으로 확인되면 한국어 방송만 실시할 수 있다. 반면에 국제선은 한국어 → 영어 → 운항국가 언어(현지어) 순으로 방송하게 되는데, 운항국가 현지어의 경우 현지 Overseas 승무원이 탑승했다면 Overseas 승무원이 실

시하도록 하지만, 그렇지 못한 경우에는 해당 외국어 방송 자격을 취득한 승무원이 육성으로 실시한다. 그러나 여의치 못한 경우에는 Pre-Recorded Announcement System을 활용한다.

주요 노선에 따른 기내방송(언어별) 실시 순서

노 선	방송언어 순서
한일노선	한국어 - 영어 - 일어
한중노선	한국어 - 영어 - 중국어
동남아노선	한국어 - 영어 - 현지어
미주노선	한국어 - 영어
유럽노선	한국어 - 영어 - 현지어

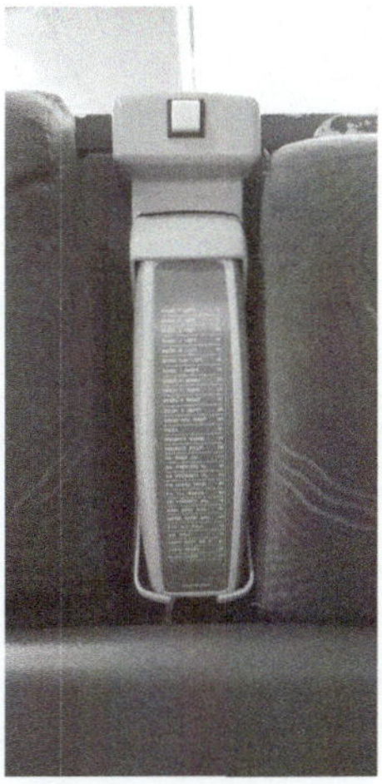

학습활동

❖ 항공 기내방송 업무 진단

진단영역	진 단 문 항	매우 미흡	미흡	보통	우수	매우 우수
항공기내방송 준비하기	1. 나는 운송 서비스 규정에 따라 방송에 필요한 국가별 항공기 코드를 파악할 수 있다.	①	②	③	④	⑤
	2. 나는 운송 서비스 규정에 따라 방송에 필요한 국가별 도시와 공항명을 파악할 수 있다.	①	②	③	④	⑤
	3. 나는 그리니치 평균시(GMT)에 따라 도착지 시차를 계산할 수 있다.	①	②	③	④	⑤
정상적 상황 방송하기	1. 나는 객실 서비스 규정에 따라 정상적인 상황 방송에 필요한 기본 정보를 파악할 수 있다.	①	②	③	④	⑤
	2. 나는 객실 서비스 규정에 따라 방송에 적합한 표준어와 언어를 구사할 수 있다.	①	②	③	④	⑤
	3. 나는 객실 서비스 규정에 따라 탑승환영안내방송을 할 수 있다.	①	②	③	④	⑤
	4. 나는 객실 서비스 규정에 따라 좌석벨트 상시 착용 안내 및 목적지 접근 안내방송을 할 수 있다.	①	②	③	④	⑤
	5. 나는 객실 서비스 규정에 따라 도착안내방송을 할 수 있다.	①	②	③	④	⑤
비정상 상황 방송하기	1. 나는 객실 서비스 규정에 따라 비정상적 상황 방송에 필요한 기본 정보를 파악할 수 있다.	①	②	③	④	⑤
	2. 나는 객실 서비스 규정에 따라 지연 및 대기 안내방송을 할 수 있다.	①	②	③	④	⑤
	3. 나는 객실 서비스 규정에 따라 변경 및 교체, 고객 불편 안내방송을 할 수 있다.	①	②	③	④	⑤
	4. 나는 객실 서비스 규정에 따라 Turbulence 방송을 할 수 있다.	①	②	③	④	⑤
비상 상황 방송하기	1. 나는 객실 서비스 규정에 따라 비상상황방송에 필요한 정보를 파악할 수 있다.	①	②	③	④	⑤
	2. 나는 객실 서비스 규정에 따라 기내난동 승객 발생 안내방송을 할 수 있다.	①	②	③	④	⑤
	3. 나는 객실 서비스 규정에 따라 상황별 비상사태 안내 방송을 할 수 있다.	①	②	③	④	⑤

출처: www.ncs.go.kr

❖ 진단 결과

진단영역	문항 수	점수	점수 ÷ 문항 수
항공기내방송 준비하기	3		
정상적 상황 방송하기	5		
비정상 상황 방송하기	4		
비상상황 방송하기	3		
합계	15		

※ 자신의 점수를 문항 수로 나눈 값이 '3점' 이하에 해당하는 영역은 업무를 성공적으로 수행하는데 요구는 능력이 부족한 것으로 교육훈련이나 개인학습을 통한 개발이 필요함.

출처: www.ncs.go.kr

❖ 기내방송 개요

01. 기내방송의 정의 및 특징을 기술해 봅시다.

02. 기내방송의 종류를 기술해 봅시다.

03. PA의 올바른 사용법은 어떻게 될까요?

04. 기내방송 시 주의사항은 무엇이 있을까요?

❖ 기내방송의 종류

기내방송의 종류에는 운항승무원의 방송과 객실승무원의 방송으로 나뉜다. 아래 사례를 통해 운항승무원의 기내방송에 대해서 논의해봅시다.

승객을 울컥하게 만든 아시아나항공 기장의 '마지막 기내방송'
명예퇴직 앞둔 기장, 스피커 통해 승객들에게 마지막 감사 인사

"아시아나항공 기장님의 뜻밖의 고백에 울컥했습니다."

지난달 30일 한 커뮤니티(SLR클럽)에 올라온 게시글이다. 이 커뮤니티 자유게시판에 아이디 '차세대XXX'을 사용하는 회원은 아시아나항공을 타고 서울로 귀국하면서 겪은 기내방송 경험담을 적어 눈길을 끌었다.

게시글에 따르면 이날 베트남 하노이를 출발해 서울인천국제공항에 도착한 아시아나 OZ728편 기장은 항공기가 계류장으로 택싱(Taxing) 중 승객들에게 스피커를 통해 "이 비행이 조종사로서, 저의 인생에서의 마지막 비행"이었다며 뜻밖의 고백을 했다.

이 기장은 "승객 여러분 이 비행기는 방금 대한민국의 수도 서울 인천국제공항에 도착했습니다. 이십 대 초반 청년이 약 14년간 공군 전투기를 조종하며 우리 조국의 영공을 지켜왔습니다. 이후 약 26여 년 기간 동안 아시아나 한 곳에서 조종사로 근무하며 육십 대 중반의 나이가 되도록 약 40여 년 이상 비행을 했고, 방금 그 비행을 끝마쳤습니다. 그동안 승객 여러분을 안전하게 모시기 위해 최선의 노력을 다했다고 이제야 고백을 합니다."라며 방송을 마쳤다.

이 게시자는 "기장의 예상 못한 고백에 기내 안 승객들은 기장의 마지막을 위해 박수를 쳤다"고 당시 상황을 전했다. 그러면서 "(기장의)나지막이 읊조리는 듯한 말투가 울컥하게 만들었다"는 후문을 전했다. 아시아나항공 등에 따르면 이날 방송을 한 기장은 명예퇴직을 앞두고 이날 마지막 비행을 한 것으로 나타났다.

출처: 문화저널21, 2017년 8월 1일

미리 해보는 세계여행 ❶

: 미국편

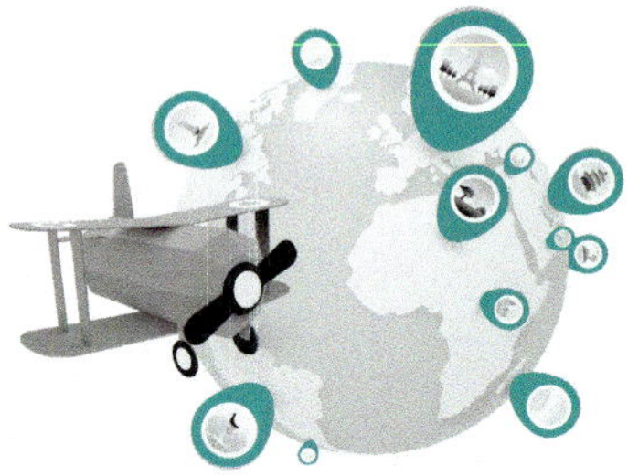

하와이 호놀룰루 시내여행

✔ 호놀룰루를 한 눈에 볼 수 있는 펀치볼 전망대

✔ 호놀룰루 다운타운에 위치한 주정부청사

✔ 하와이를 통일한 카메하메하 대왕의 동상

✔ 하와이 왕조들이 거주했던 곳이며, 미국 내 유일한 왕궁 이올라니 궁전 (IOLANI PALACE)

▎이올라니 궁전

▎카메하메하 대왕의 동상

CHAPTER

02 국가별 도시와 공항명, 국가별 항공사 코드

학습목표

운송서비스 규정에 따라 방송에 필요한 국가별 도시와 공항명, 국가별 항공사 코드를 파악할 수 있다.

01 공항 명칭 읽는 법

기내방송을 할 때 출발지 및 도착지 공항은 도시명과 공항 명칭 순으로 방송하도록 한다. 그러나 지역명이 곧 공항명인 경우는 공항명만 방송한다. 국내선의 경우 국내공항과 국제공항이 있으므로 이를 정확히 인지하고 방송하여야 한다. 국내공항의 코드 및 공항명은 다음과 같다.

1.1 대한민국 국제공항 명칭 및 코드

공항	코드	지역	공항명
국제공항	ICN	서울	인천국제공항
국제공항	GMP	서울	김포국제공항
국제공항	CJU	제주	제주국제공항
국제공항	PUS	부산	김해국제공항
국제공항	CJJ	청주	청주국제공항
국제공항	KWJ	광주	광주국제공항
국제공항	MWX	무안	무안국제공항
국제공항	TAE	대구	대구국제공항
국제공항	YNY	양양	양양국제공항

1.2 대한민국 국내공항 명칭 및 코드

공항	코드	지역	공항명
국내공항	HIN	진주	사천공항
국내공항	KAG	강릉	강릉공항
국내공항	KUV	군산	군산공항
국내공항	MPK	목포	목포공항
국내공항	RSU	여수	여수공항
국내공항	SHO	속초	속초공항
국내공항	WJJ	원주	원주공항
국내공항	YEC	예천	예천공항
국내공항	KPO	포항	포항공항

국제선일 경우 국가별 도시명과 공항명을 잘 숙지하고 있어야 한다. 도시명이 공항명인 경우와 한 도시에 여러 개의 국제공항이 있는 경우가 있으므로 잘 숙지하고 방송하도록 한다. 또한 북경(Beijing), 동경(Tokyo)과 같이 한국어와 영어로 읽을 때 다르게 발음되는 도시명은 한국어 방송 이후 영어방송을 할 때 유의해야 한다.

또한, 항공사에서는 도시명을 3글자로 압축한 3Letter로 표기하고 읽는다. 도시명을 보면 공항명까지 생각날 수 있도록 암기하는 것이 좋다. 대륙별 대표적인 도시명 3Letter Code는 다음과 같다.

1.3 주요 도시명과 코드

일본 주요공항 명칭

공항 CODE	도시명	공항 명칭
NRT	TOKYO	도쿄 나리따 국제공항 Tokyo Narita International Airport
HND	HANEDA	도쿄 국제공항 Tokyo International Airport
KIX	OSAKA	오사카 칸사이 국제공항 Osaka Kansai International Airport
FUK	FUKUOKA	후쿠오카 국제공항 Fukuoka International Airport
NGO	NAGOYA	나고야 추부 국제공항 Nagoya Central Japan International Airport
OKA	OKINAWA	오키나와 나하 국제공항 Okinawa Naha International Airport
HIJ	HIROSHIMA	히로시마 국제공항 Hiroshima International Airport
SDJ	SENDAI	센다이 국제공항 Sendai International Airport
CTS	SAPPORO	삿포로 신 치토세 국제공항 Sapporo New Chitose International Airport

중국 주요공항 명칭

공항 CODE	도시명	공항 명칭
PEK	BEIJING	베이징 수도 국제공항 Beijing Capital International Airport
PVG	SHANGHAI	상하이 푸동 국제공항 Shanghai Pudong International Airport
SHA	SHANGHAI	상하이 홍차오 국제공항 Shanghai Hongqiao International Airport
CAN	GUANGZHOU	광저우 바이윈 국제공항 Guangzhou Baiyun International Airport
SHE	SHENYANG	선양 타오씨엔 국제공항 Shenyang Taoxian International Airport
TAO	QINGDAO	칭다오 리우팅 국제공항 Qingdao LiuTing International Airport
TSN	TIANJIN	텐진 빈하이 국제공항 Tiansin Binhai International Airport
HAB	HARBIN	하얼빈 국제공항 Harbin International Airport
DLC	DALIAN	다롄 국제공항 Dalian International Airport
XIY	XIAN	시안 씨엔양 국제공항 Xian Xianyang International Airport
HKG	HONGKONG	홍콩 국제공항 Hong Kong International Airport

동남아시아 주요공항 명칭

공항 CODE	도시명	공항 명칭
SIN	SINGAPORE	싱가포르 창이 국제공항 Singapore Chang-I International Airport
BKK	BANGKOK	방콕 수완나포옴 국제공항 Bangkok Suvarnabhumi International Airport
SGN	HO CHI MIN	호치민 탄손낫 국제공항 Ho Chi Min Tan Sohn Nat International Airport
HAN	HANOI	하노이 노이바이 국제공항 Hanoi Noi Bai International Airport
MNL	MANILA	마닐라 니노이 아키노 국제공항 Manila Ninoy Aquino International Airport
CGK	JAKARTA	자카르타 수카르노 하타 국제공항 Jakarta Soekarno Hatta International Airport
KUL	KUALA LUMPUR	쿠알라룸푸르 국제공항 Kuala Lumpur International Airport
DEL	NEW DELHI	뉴델리 인디라 간디 국제공항 New Delhi Indira Gandhi International Airport
HKT	PHUKET	푸켓 국제공항 Phuket International Airport
TPE	TAIPEI	타이페이 타오유엔 국제공항 Taipei Taoyuan International Airport
PNH	PHNOM PENH	프놈펜 국제공항 Phnom Penh International Airport
REP	SIEM REAP	씨엠 립 국제공항 Siem Reap International Airport

러시아/중앙아시아 주요공항 명칭

공항 CODE	도시명	공항 명칭
KHV	KHABAROVSK	하바로브스크 국제공항 Khabarovsk International Airport
LED	SAINT PETERSBURG	상트페트부루그 풀코보 국제공항 Saint Petergurg Pulkovo International Airport
SVO	MOSCOW	모스코바 쉐레메트예보 국제공항 Moscow Sheremetyevo International Airport
UUS	UZHNO SAKHALINSK	유즈노 사할린스크 국제공항 Uzhno Sakhalinsk International Airport
VVO	VLADIVOSTOK	블라디보스토크 국제공항 Vladivostok International Airport
TAS	TASHKENT	타슈켄트 국제공항 Tashkent International Airport
ALA	ALMATY	알마티 국제공항 Almaty International Airport

미주/캐나다/남미 주요공항 명칭

공항 CODE	도시명	공항 명칭
LAX	LOS ANGELES	로스앤젤레스 국제공항 Los Angeles International Airport
NYC	NEW YORK	뉴욕 존 에프 케네디 국제공항 New York John F. Kennedy International Airport
SFO	SAN FRANCISCO	샌프란시스코 국제공항 San Francisco International Airport

DFW	DALLAS	댈러스 포트월스 국제공항 Dallas Fort Worth International Airport
BOS	BOSTON	보스턴 국제공항 Boston International Airport
ANC	ANCHORAGE	테드 스티븐스 앵커리지 국제공항 Ted Stevens Anchorage International Airport
ATL	ATLANTA	아틀랜타 하츠필드잭슨 국제공항 Atlanta Hartsfield-Jackson International Airport
LAS	LAS VEGAS	라스베가스 국제공항 Las Vegas International Airport
HNL	HONOLULU	호놀룰루 국제공항 Honolulu International Airport
IAD	WASHINGTON D.C.	워싱턴 디씨 덜레스 국제공항 Washington D.C. Dulles International Airport
SEA	SEATTLE	시애틀 타코마 국제공항 Seattle Tacoma International Airport
ORD	CHICAGO	시카고 오헤어 국제공항 Chicago O'Hare International Airport
YVR	VANCOUVER	밴쿠버 국제공항 Vancouver International Airport
YYC	CALGARY	캘거리 국제공항 Calgary International Airport
YYZ	TORONTO	토론토 레스터 비 피어슨 국제공항 Toronto Lester B. Pearson International Airport
GRU	SAO PAULO	상파울루 과루료스 국제공항 Sao Paulo Guarulhos International Airport
EZE	BUENOS AIRES	브에노스 아이레스 국제공항 Buenos Aires International Airport

유럽/대양주 주요공항 명칭

공항 CODE	도시명	공항 명칭
GUM	GUAM	괌 국제공항 Guam International Airport
SPN	SAIPAN	사이판 국제공항 Saipan International Airport
AUK	AUCKLAND	오클랜드 국제공항 Auckland International Airport
BNE	BRISBANE	브리즈번 국제공항 Brisbane International Airport
SYD	SYDNEY	시드니 킹스 포드 국제공항 Sydney Kings Ford Smith International Airport
IST	ISTANBUL	이스탄불 아타투르크 국제공항 Istanbul Ataturk International Airport
LHR	LONDON	런던 히드로 국제공항 London Heathrow International Airport
FRA	FRANKFURT	프랑크푸르트 국제공항 Frankfurt International Airport
CDG	PARIS	빠리 샤를르 드골 국제공항 Paris Charles de Gaulle International Airport
FCO	ROME	로마 피우미치노 국제공항 Rome Fiumicino International Airport
AMS	AMSTERDAM	암스테르담 스키폴 국제공항 Amsterdam Schiphol International Airport

02 국가별 항공사 코드

세계 모든 항공사와 공항은 IATA와 ICAO 두 기구에서 지정한 방식을 사용하고 있다. 두 기구의 코드 구성 및 조합 등은 상이하며 전 세계 모든 항공사 및 공항에서는 주로 IATA의 코드를 사용하고 있다.

IATA(International Air Transport Association, 국제항공운송협회)는 2020년 기준 120개국 290개 항공사가 참여하는 민간기구로 정부 간 기구인 ICAO와 성격이 전혀 다른 순수 민간단체이다. 한국은 대한항공이 1989년 1월 정회원, 아시아나항공이 2002년 5월 정회원으로 가입하였다. 본부는 캐나다 퀘벡주 몬트리올, 스위스 제네바, 싱가포르에 있다. IATA는 국제선 운임, 주요 국제공항의 운항 시간 조절, 공항시설사용료 등에 대해서 항공사의 의견을 대변한다(한경 경제용어 사전/두산백과).

ICAO는 International Civil Aviation Organization의 약자로 정부 차원의 국제협력기구이다. ICAO는 국제민간항공기구. 국제민간항공조약에 기초해 1947년 4월에 발족한 유엔 전문기구로써 비행의 안전 확보, 항공로나 공항 및 항공시설 발달의 촉진, 부당경쟁에 의한 경제적 손실의 방지 등을 목적으로 하고 있다. 한국은 1952년에 가입했으며, 2019년 기준 가입국은 193개국이며, 본부는 캐나다 몬트리올에 있다(매일경제용어사전/두산백과).

IATA 항공사 2 Letter Code

항공사 CODE	항공사	항공사 CODE	항공사
AA	미국 아메리칸항공	KE	대한민국 대한항공
AC	에어캐나다	KL	네덜란드 케이엘엠항공
AF	에어프랑스	LH	독일 루프트한자항공
AI	인도항공	LJ	대한민국 진에어
AZ	이탈리아 알리탈리아항공	MH	말레이시아항공
BA	영국 브리티쉬항공	MU	중국동방항공
BR	대만 에바항공	NH	전일본공수항공
BX	대한민국 에어부산	OZ	대한민국 아시아나항공
CA	중국국제항공	PR	필리핀항공
CJ	중국중화항공	QF	호주 콴타스항공
CX	홍콩 케세이퍼스픽항공	QR	카타르항공
CZ	중국남방항공	RS	대한민국 에어서울
DL	미국 델타항공	SQ	싱가포르항공
EK	아랍에미레이트 에미레이트항공	SU	아에로플르트항공
EY	아랍에미레이트 에티하드항공	TG	태국 타이항공
GA	인도네시아 가루다항공	TK	터키항공
HA	미국 하와이안항공	UA	유나이티드항공
HX	홍콩항공	VJ	베트남 비엣젯항공
IT	대만 타이거에어	ZE	대한민국 이스타항공
JL	일본 제펜에어라인	5J	필리핀 세부퍼시픽항공
KA	홍콩 드레곤에어	7C	대한민국 제주항공
KC	카자흐스탄 에어아스타나		

출처: http://ijcho.com/221197167244 참고 재편집

두 기구에서 부여하는 항공사 코드는 항공사의 요청에 따라 배정하나 선착순으로 배정하는 것을 원칙으로 하므로, 먼저 해당 코드를 발급받는 항공사가 사용하게 된다. 이에 항공사 이름과 상이하나 기억이 쉬운 코드를 발급받는 경우도 있다. 예를 들어 아시아나항공의 경우 OZ를 사용하는 것은 기존에 아메리칸항공이 AA를 사용하였기에 기억이 용이한 OZ를 사용한 것이다. 또한 신생항공사 및 LCC 항공사들이 많이 생기면서 알파벳 조합뿐 아니라 숫자와 알파벳의 조합 등이 생기고 있다. 우리나라 제주항공의 경우 7C 코드를 사용한다.

학습활동

❖ 도시명 및 코드

01. 도시의 특징을 살려 도시명을 방송해 봅시다.
(예 영화의 도시 로스앤젤레스, 신사의 도시 영국 런던)

02. 국내공항의 공항명과 코드를 연결시켜 봅시다.

공항명	공항 코드
진주사천공항	
목포공항	
청주국제공항	
포항공항	
광주국제공항	

03. 글로벌 얼라이언스별 소속 항공사 코드를 작성해 봅시다.

얼라이언스	소속 항공사	항공사 코드
스타얼라이언스		
스카이팀		

❖ 사례연구

아래 뉴스 사례를 보고 국가별 도시와 공항명의 중요성에 대해 생각해봅시다.

"댈러스? 덜레스?" 공항코드 확인 안 하면 미아 돼요

출장·여행 등 공항을 이용하는 사람들은 날이 갈수록 늘어나고 있다. 하지만 외국을 간다는 들뜬 마음에 출발 전 챙겨야 할 것들을 놓치면 크게 후회할 낭패를 맛보기 마련인데, 그중의 하나가 정확한 목적지를 확인하는 것이다. 전 세계에는 수많은 공항이 있다. '월드 에어포트 코드'(www.world-airport-codes.com)라는 홈페이지에만 9,495개의 공항 정보가 수록돼 있다. 문제는 이들 공항이 한 도시에 여러 개가 있으며, 전혀 다른 지역에 있는 공항이 같은 이름일 경우가 있다는 것이다.

도시명으로는 공항 이름을 알 수 없다. 항공 산업이 가장 많이 발달한 미국의 경우만 봐도 그렇다. 텍사스주 '댈러스(Dallas)' 공항을 가려는 사람이 엉뚱하게도 텍사스와 수 천마일 떨어진 워싱턴으로 가게 될지도 모른다. 워싱턴에 있는 공항 이름이 댈러스와 거의 유사한 '덜레스(Dulles)'이기 때문이다. 한 국가 내에서만 이런 일이 벌어진다면 그나마 다행이지만 현실은 그렇지 않다. '산호세' 공항은 미국과 코스트리카에 있으며, '산주앙'은 아르헨티나와 푸에르토리코에 동시에 존재하고 있다. 어느 나라 공항으로 가는지 확인하지 않는다면 승객들은 뜻하지 않게 국제 미아가 될 수 있다. 영종도에 인천국제공항이 문을 연 이후 한국도 더 이상 김포국제공항에 서울이라는 이름을 쓰지 않고 있다. 미국, 유럽 각국 등 거대도시가 발달한 나라는 인접 공항이 여러 개 있는 경우가 많아 도시 이름만으로는 목적지를 정확히 알아낼 수 없다. 예를 들어 뉴욕에는 뉴어크(Newark)와 존에프 케네디(JFK), 라구아디아(La Guardia) 등 세 군데에 공항이 있다. 이들 공항은 국제선 중심, 국내연결 중심 등 각각의 기능에 따라 운영되고 있다. 마찬가지로 로스엔젤레스·샌프란시스코·런던·파리·도쿄 등 거대도시들은 한 도시 또는 권역 내에 복수의 공항이 건설되는 게 보편적인 추세다. 도시명을 착각해 엉뚱한 도시로 날아가는 불상사를 방지하고자 항공사 예약 접수 직원은 꼼꼼히 목적지를 확인한다. 하지만 항공사 직원도 사람인지라, 업무가 몰리면 착오를 일으킬 수 있으므로 승객이 직접 자신의 목적지를 정확히 알고 있어야 한다.

도시코드, 공항코드, 3Letter Code란? 수많은 도시와 공항을 제대로 식별하기 위해 전 세계 항공사 연합회인 국제항공운송협회(IATA)는 세계 각국의 주요 도시와 공항에 세 글자의 알파벳 코드를 부여해 전 세계 항공사들이 공통으로 사용토록 하고 있다. 이를 '도시코드', 또는 '공항코드'라고 하며 간혹 '3레터 코드(Three Letter Code)'라고 부르기도 한다. 항공권 예매를 위해 인터넷을 검색하다 보면 출발지와 목적지 도시 이름 옆에 알파벳 세 글자로 된 코드, 항공사는 두 글자로 된 코드가 표시돼 있는데 이러한 것들이 3레터 코드다. 3레터 코드로도 중복 문제를 피할 수 없어 유엔(UN) 산하 국제민간항공기구(ICAO)는 4자리 공항코드를 쓰고 있지만 통상 IATA의 3자리 코드가 주로 사용된다.

또한, 도시명과 공항명을 다르게 사용하기도 한다. 3레터 코드는 세 글자만 보고도 그 공항을 떠올릴 수 있도록, 그리고 다른 공항과 겹치지 않으면서 구별될 수 있도록 공항 당국이 스스로 코드를 정해서 IATA 등 국제협회에 통보해 승인을 받게 돼 있다. 반대로 말하자면, 새로 공항이 생겨서 그 공항 당국이 쓰고 싶은 코드가 있더라도 다른 나라 공항이 그 코드를 쓰고 있다면 승인받을 수 없다는 뜻이 된다. 따라서 신설 공항들은 기존 공항과의 차별화를 위해 'X'나 'Z'와 같은 눈에 띄는 알파벳을 사용해 도시명이나 공항명과는 완전히 동 떨어진 약자를 쓰는 경우도 많다. 캐나다에 있는 공항들은 벤쿠버(YVR) 처럼 아예 'Y'로 시작하는 공항코드를 사용한다. 한국도 공항코드 명칭 때문에 고민을 한 적이 있다. 인천공항이 개항한 2001년 이전까지 우리나라의 관문은 김포공항이었다. 당시 김포공항의 코드는 서울 도시코드와 같은 'SEL'이었다. 그런데 인천공항이 생기면서 그동안 'SEL'이 한국의 관문공항으로 널리 알려진 코드였기 때문에 대표성을 고려해 인천공항도 그냥 'SEL'을 써야 한다. 아니면 공항 위치가 서울이 아닌 인천에 있으니 'SEL'은 맞지 않는다는 이견이 맞붙었다. 논의 끝에 정부는 'SEL'은 도시코드로만 사용하고, 김포공항은 'GMP'로, 인천공항은 'ICN'으로 정해 사용하고 있다.

한편 IATA는 도시명이나 공항명에는 3레터 코드를 사용하고 있으며, 항공사에는 두 글자의 알파벳 코드를 부여해 업무에 활용하고 있다. 즉 대한항공은 'KE', 아시아나항공은 'OZ', 제주항공은 '7C', 에어부산은 'BX', 진에어는 'LJ' 등이다.

출처: 아시아경제, 2009년 5월 30일

미리 해보는 **세계여행 ❷**

: 미국편 

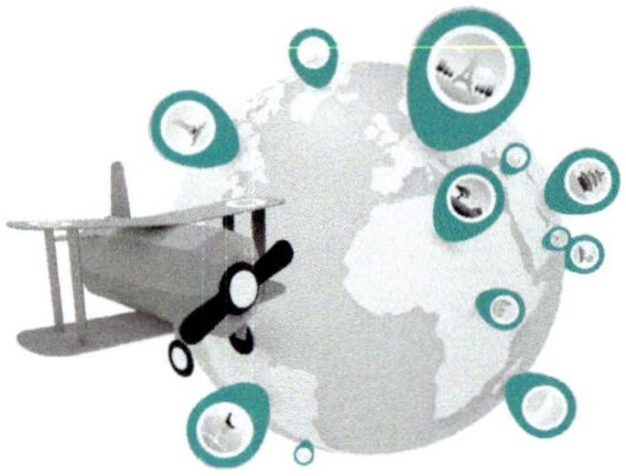

미국 서부, 샌프란시스코 여행

✔ 태평양 연안에서는 로스앤젤레스에 이은 제2의 도시
✔ 교육, 문화의 중심지를 이루고 대학교와 연구소, 문화시설이 있다.
✔ 시가지 전체가 아름답고 조용하다.
✔ 지중해성 기후로 여름에는 서늘하고 겨울에는 따듯하다.
✔ 주요 관광지로는 골든게이트 브릿지(Golden Gate Bridge), 피셔맨즈 워프(Fisherman's wharf), 알카트라즈 섬(Alcatraz Island) 등이 있다.

Golden Gate Bridge

Fisherman's Wharf

PART 02

기내방송의 기초

In-Flight Announcement

CHAPTER

03 GMT 및 시차, 기내방송의 기본 정보

학습목표

그리니치 평균시(GMT)를 기준으로 출발지와 도착지와의 시차를 계산할 수 있으며, 기내방송을 하는 데 필요한 기본 정보를 파악할 수 있다.

01 GMT

GMT는 Greenwich Mean Time의 약자로 영국 런던 외곽의 그리니치 천문대(Royal Observatory Greenwich)를 지나는 본초자오선 상의 평균 태양시라고 하며 세계시간의 기준이 되고 있다.

그리니치 천문대는 찰스 2세가 1675년 런던 교외의 그리니치에 천문항해술을 연구하고자 설립한 천문대이다. 1884년 워싱턴회의에서 이 천문대를 지나는 자오선을 본초자오선으로 지정하여, 경도(經度)의 원점으로 삼았다. 원래 시간은 태양의 일주운동(日周運動)을 기준으로 만들어졌는데, 이것이 태양시이다. 그러나 태양시를 쓰는 경우, 한 나라에서 각기 다른 시각을 쓰게 되어 불편하다. 동서로 길이가 긴 나라에서는 여러 개의 표준시를 쓰는 경우도 있어 혼란하기에 어떤 특정 지방의 평균시를 적용하고, 전국이 공통으로 쓰게 하는 것을 표준시라고 한다(시사상식사전).

그리니치시는 평균태양의 시간각을 그대로 사용하여 정오(正午)를 0시로 하여 정오에 날짜가 바뀌게 되었다. 그러나 일상생활에서는 그리니치 평균시에 12시를 더하여 자정을 0시로 하는 그리니치상용시(GCT)라고 하였다. 이후 1925년 1월 1일 국제천문연합에서는 그리니치시를 12시간 앞당겨 그리니치 상용시와 일치시키고, 1928년 '세계시(世界時, UT)'로 전 세계 공통의 표준시로 결의하였다. 이에 대하여 천문학에서 사용하고 있는 구개념의 그리니치 평균시는 그리니치 평균 천문시(Greenwich Mean Astronomical Time: GMAT)라 하고 세계시와 동일한 의미로 쓰인다(두산백과). 1972년 1월 1일부터 협정 세계시(UTC: Universal Time Coordinated)를 사용하지만, 현재도 GMT라는 표현이 널리 사용되고 있다(시사상식사전). 현재 우리나라는 동경 135도의 지방 평균시를 표준시로 채택하고 있으며, 한국의 표준시는 세계시보다 9시간 앞서 있다.

02 UTC

UTC는 Universal Time Coordinated의 약자로 협정 세계시라고 한다. 이는 1972년 1월 1일부터 시행된 것으로 협정 세계시에서는 1967년 국제도량형총회가 정한 세슘원자의 진동수에 의거한 초의 길이가 그 기준(원자초)으로 쓰인다. 그때까지는 시간기준을 지구 자전에 의한 평균 태양시와 지구의 공전에 의한 태양년에서 산출한 초의 길이가 쓰였다. 그리니치 표준시(GMT)는 원래 평균 태양시를 기준으로 한 것이었다. 따라서 원자시계를 표준으로 하면서부터 GMT라는 명칭이 실체(實體)를 바르게 나타내지 못하는 불합리한 점이 생겼다. 이러한 문제를 없애기 위해서 1978년 국제무선통신자문위원회(CCIS) 총회는 통신 분야에서는 그리니치 평균시를 협정 세계시(UTC)로 바꾸어 쓰자는 권고안을 채택하였다(두산백과).

GMT와 UTC 비교

GMT	UTC
• 그리니치 평균시 • Greenwich Mean Time • 런던의 시간이 그리니치 천문대 시간으로 간주 영국 런던은 GMT+0으로 표기	• 협정 세계시 • Coordinated Universal Time • GMT와 UTC는 초의 소수점 단위에서만 차이가 남 • 1972년 1월 1일부터 GMT 대신 UTC를 공식 표현이지만 아직도 GMT란 표현이 일상에서 쓰임 • 기술적인 표기에서는 공식 표현인 UTC가 사용

World Time Zones

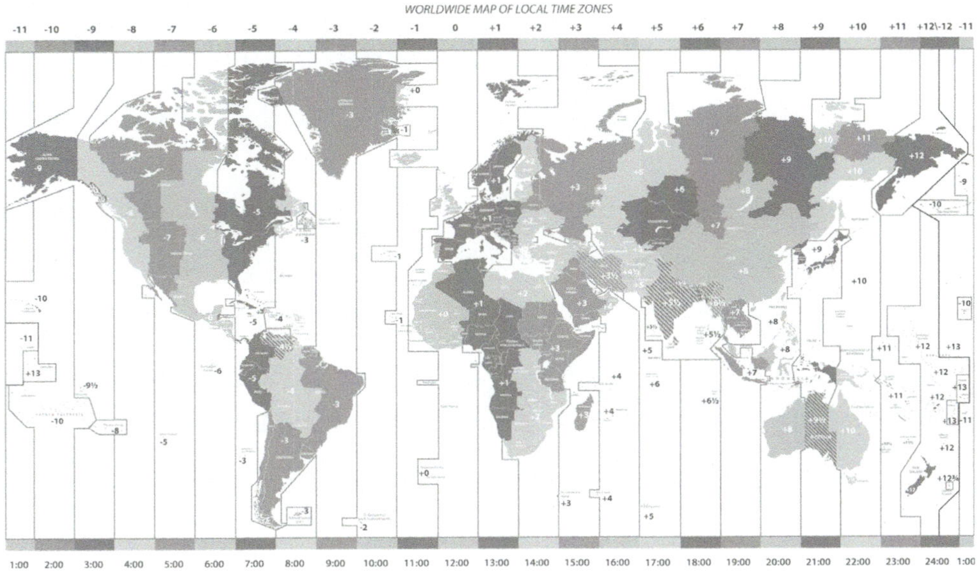

03 시차

우리는 간혹 장거리 비행을 마치고 나면 시차 때문에 피곤하고, 저녁 시간에 잠을 이루지 못하기도 한다. 이를 통상 시차 때문이라고 표현한다. 이는 평소 생활하던 생체리듬 시간과 기준시가 변화하면서 수면패턴, 식사패턴을 변화해야 하기에 일정 기간은 밤낮이 바뀌기도 하고 육체적으로 피로도가 높다. 항공 산업 분야에 근무하는 대부분의 종사자들은 이러한 시차가 자주 바뀌는 불규칙한 생활을 하기에 시차보다는 생체리듬에 맞추려고 노력하는 경우가 많다.

항공 산업 분야에 근무하는 종사자들은 시차 계산이 자유로워야 하며, 시차 계산은 통상 GMT를 기준으로 계산하면 된다. 항공기 이륙 전 출발시간은 출발지 현지시간을 기준으로 표기하지만 이륙과 동시에 도착시간은 도착지 기준으로 표기한다. 이에 현지에서 항공기 출·도착시간을 확인할 경우 날짜 및 시간을 정확히 인지해야 한다.

우리나라에서 출발하는 항공기는 보통 태평양 방향인 미국 쪽을 향하는 경우와 중국 방향인 서쪽으로 향하는 항로가 있다. 영국 런던이 GMT +0이고, 우리나라가 GMT +9 이기에 중국 쪽으로 할 경우 날짜변경이 없이 시차를 줄이면 된다. 그러나 태평양 방향인 미국 방향으로 출발하는 항공기의 경우는 날짜변경선을 지나기 때문에 이를 계산하여야 한다. 또한, 썸머타임이 적용되는 기간에는 이를 인지하고 시차를 계산하여야 한다.

날짜변경선

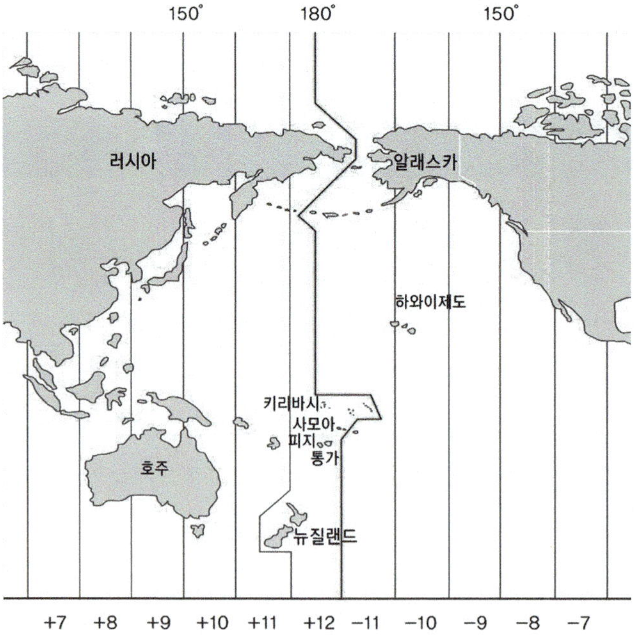

출처: 시사상식사전

대한민국 서울 현지시간 12월 31일 저녁 8시에 뉴욕으로 출발하는 OZ222편이 비행시간 13시간을 예정하고 있다면, 현지 도착시간은 어떻게 되는지 계산해보자. 서울이 12월31일 저녁 8시, 즉 20시이면 현재 미국 뉴욕시간을 먼저 계산한다. 서울은 GMT +9이고 미국 뉴욕은 GMT-5로 시차는 14시간 차이이다. 서울의 현재 시간에서 14시간을 빼면 미국 뉴욕의 현재 시간이 된다. 즉 12월31일 20시에서 14시간을 빼면 12월31일 오전 6시이다. 여기에 비행시간이 13시간이라면 13시간을 더하면 OZ222편은 12월31일 저녁 7시(19시)에 도착 예정인 것이다.

요즘은 시차계산 앱 및 전자기기가 많지만, 세계지도 및 World Time Zone을 참고하여 시차계산을 자꾸 해본다면 훨씬 쉽게 계산할 수 있을 것이다. 이러한 계산을 위해서는 오전 오후 표기보다는 24시 기준으로 시간을 표기하고 계산하면 훨씬 용이하다.

04 기내방송의 기본 정보

기내방송을 하는데 필요한 기본 정보는 크게 비행정보, 기내서비스 정보, 도착지 정보 등으로 나눌 수 있다. 비행정보는 비행시간, 도착지 현재시간, 도착지 날씨 등이다. 기내서비스 정보에 대해서는 비행 편에 따라 제공되는 전반적인 서비스 안내가 이루어지며, 도착지 정보는 도착지 면세허용량, 서류작성 기준 등에 대한 안내가 이루어진다.

기내방송을 위한 기본 정보는 비행 시작 전 객실 브리핑 준비를 위한 비행시간, 예약 승객 수, 단체승객 탑승 유무 등의 준비를 통해 비행준비와 함께 방송의 기본 정보로 활용한다. 비행시간, 도착지 현재시간, 도착지 날씨 등은 운항 브리핑 시 기장으로부터 다시 한 번 브리핑 내용을 확인하고 이를 방송할 수 있다. 그리고 기내서비스는 비행시간 별로 제공되는 서비스가 다르므로, 이러한 특징을 반영하여 해당 비행에 적절한 서비스 안내가 이루어지도록 한다. 또한, 출발 전 객실브리핑을 준비할 때 도착지 면세허용량, 서류작성 기준 등을 꼼꼼히 확인해 두어야 한다. 이러한 규정들은 테러, 규정 변경 등으로 기존의 정보와 달라지는 경우 승객들에게 큰 혼란 및 피해를 줄 수 있으므로 매 비행 전 확인하여야 한다.

학습활동

❖ GMT

01. 비행시간에 따른 다음 시차를 계산해봅시다.

대한민국 인천(GMT+9)에서 9월 1일 오후 5시에 출발한 드림항공 2347편은 10시간 30분 동안 비행 후 미국 로스앤젤레스(GMT-8)에 도착하였다. 로스앤젤레스 도착 시간은 몇 월 며칠 몇 시인가?

02. 기내방송 시 출발지 시간과 도착지 시간을 방송하는 기준은 무엇일까요?

❖ 비행기본정보

01. 방송담당자가 비행 전 확인하여야 하는 정보를 기술하세요.

02. 수학여행 단체가 탑승한 비행의 경우 이러한 정보를 방송에 사용하는 방법은 무엇이 있을까요?

03. 비행 시작 전 객실 브리핑 시 방송 담당자로 선정된 승무원은 비행 시 준비해야 할 매뉴얼 및 준비물은 무엇일까요?

미리 해보는 세계여행 ③

: 미국편 

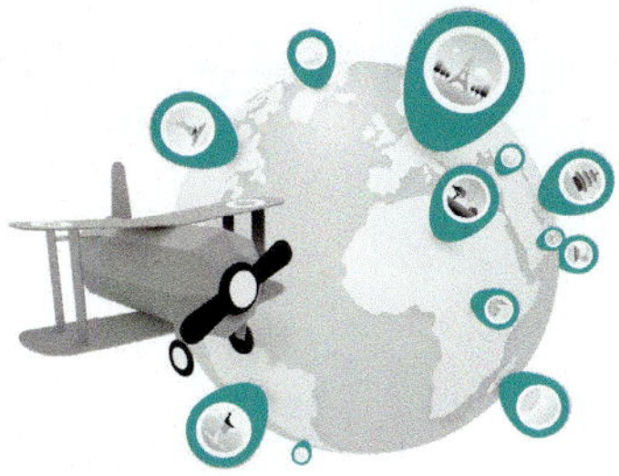

미국 동부, 뉴욕 여행

- ✔ 세계 경제, 문화의 중심 도시
- ✔ 맨해튼, 브루클린, 브롱크스, 스테이튼 아일랜드의 5개의 독립구로 나뉘어져 있다.
- ✔ 높은 빌딩들, 세계적인 박물관과 뮤지컬, 금융, 패션, 미술, 연극 등의 중심지
- ✔ 주요 관광지로는 월 스트리트(Wall Street), 브로드웨이(Broadway), 자유의 여신상(Statue of Liberty), 메트로폴리탄 미술관 등이 있다.

Broadway

Statue of Liberty

CHAPTER

04 기내방송에 적합한 목소리 만들기

학습목표

올바른 호흡법과 발성 연습을 통해 기내방송에 적합한 목소리를 낼 수 있다. 또한, 정확한 발음 연습과 표준어 사용을 통해 방송내용이 명확하게 전달되도록 할 수 있다.

좋은 목소리를 위한 발성과 호흡

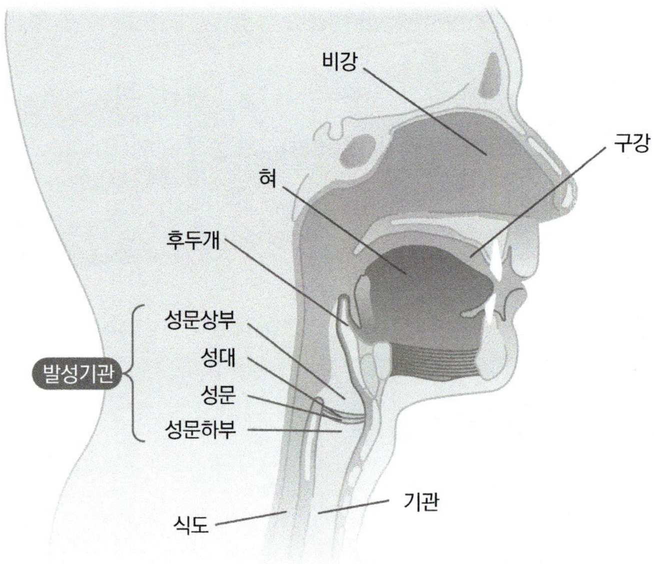

※ 발성기관과 조음기관-말소리를 만드는데 쓰이는 신체 기관

01 목소리의 생성과정

목소리란 음성(音聲)이라고도 하며, 사람이 내는 소리를 의미한다. 즉, 사람이 성대를 이용하여 말하거나, 웃거나, 울거나, 노래할 때 내는 소리들을 모두 목소리라고 할 수 있다(위키백과). 목소리는 호흡으로 폐에서 나온 공기가 성대를 진동시키며 이로 인해 파동이 만들어지는데, 이렇게 만들어진 파동은 발성기관을 지나 인두, 구강, 비강의 공명 기관을 거치면서 소리의 크기가 결정된다. 이후 조음기관에 해당하는 혀, 입천장, 이, 그리고 입술에 의해 최종적으로 목소리가 만들어진다. 간단히 말하면, 목소리는 성대의 진동과 입 모양의 조합에 따라 결정된다.

소리가 만들어지는 데 가장 중요한 역할을 하는 기관은 바로 '성대'이다. 성대는 '후두'라고 하는 기관의 일부분인데, 양쪽 성대가 서로 만나는 부위에서 진동을 하여 목소리가 만들어진다. 일반적으로 1초에 남자는 100번, 여자는 200번 정도 진동을 하는데, 진동을 많이 할수록 높은 소리를 내기 때문에 일반적으로 여자의 목소리가 남자보다 높은 음역의 소리를 내게 된다.

성대에서 만들어지는 목소리는 '공명'을 통해 여러 소리로 바뀌게 되고 발성기관인 구강, 비강, 혀, 인두 등의 모양에 따라 '조음(말을 만드는 과정)'을 하여 언어 구조로 완성이 된다.

02 목소리 이미지

미국 UCLA심리학과 명예교수인 알버트 메라비언(Albert Mehrabian)은 자신의 저서인 '조용한 메시지(Silent Message)'에서 사람이 상대방에게 호감을 느끼게 되는 요인은 표정, 태도, 자세와 같은 시각적인 요소(55%)와 목소리의 톤과 색깔과 같은 청각적인 요소(38%), 그리고 말의 내용인 언어적 요소(7%)라고 하였다. 외적인 모습이 상대방으로 하여금 매력을 느끼게 하는 시작점이라고 한다면, 목소리는 매력을 완성시키는 종지부라고 할 수 있다.

한 결혼정보회사가 미혼여성을 대상으로 '남성의 목소리에 따른 호감도'에 대해 설문으로 조사한 결과, 외모 다음으로 매력을 느끼는 요소로 중저음 목소리를 꼽았으며, 응답자 중 약 58%가 남성의 목소리에 따라 호감도가 증가하기도 하고 감소하기도 한다고 응답하였다.

또한, TV의 한 프로그램에서도 '남성의 목소리에 대한 여성들의 호감도'에 대한 실험을 하였다. 같은 남성이 좋은 목소리와 좋지 않은 목소리를 연기하도록 하였는데, 실험에 참여한 여성들이 피실험자인 남성의 외모를 보지 않은 상태에서 남성의 목소리만으로 '어떠한 사람으로 느껴지는지' 평가하도록 하였다. 실험 결과, 좋은 목소리를 낸 경우는 '깔끔하고 단정한 셔츠에 멋진 슈트를 입은 전문직에 종사하는 사람일 것 같다'라고 평가하였다. 반면에, 좋지 못한 목소리를 낸 경우는 '알바 정도의 일을 하는 나이가 어린 사람일 것이고, 그다지 호감이 가지 않는다.' 등의 평가를 하였다. 이러한 결과들을 보면 청각적인 목소리는 눈으로 볼 수는 없지만, 사람의 이미지를 형성하는 데 영향을 미칠 뿐만 아니라 시각적인 연상작용도 일으킨다는 것을 알 수 있다. 그러나 대부분의 사람들이 외모에는 많은 시간과 비용을 투자하지만, 목소리 관리에는 크게 신경을 쓰지 않는 것이 사실이다. 외모만큼이나 상대방의 호감을 불러일으키는 요인이 목소리이니만큼 평소에 목소리 관리에 소홀하면 안 되겠다.

우리가 너무 평범하게 생각하는 목소리. 그러나 목소리는 제2의 얼굴이며 제2의 이미지이다. 취업을 위한 면접장에서, 비즈니스 현장에서, 또는 상대방을 설득하기 위한 스피치를 할 때 힘이 있고 자신감과 안정감이 느껴지는 목소리는 긍정적인 첫인상을 만드는 데 큰 역할을 할 것이며, 이로 인해 긍정적인 평가를 기대할 수 있을 것이다.

03 좋은 목소리란?

미국 제32대 대통령 프랭클린 루즈벨트(Franklin Roosevelt), 영국 총리를 지낸 윈스턴 처칠(Winston Churchill), 그리고 미국의 흑인인권운동가 마틴 루터 킹(Martin Luther King). 이들에게는 공통점이 있다. 그것은 목소리가 좋아서 상대방에게 호감을 주며 목소리에 카리스마가 실려 있다는 점이다.

프랭클린 루즈벨트

윈스턴 처칠

마틴 루터 킹

미국의 이비인후과 의사인 모튼 쿠퍼(Morton Cooper) 박사는 미국의 유명한 스타들의 목소리를 치료해 건강한 목소리를 찾도록 하여 '스타들의 목소리 박사'라는 별명이 붙었다. 모튼 쿠퍼 박사는 그의 저서 '목소리를 깨워라, 삶을 바꿔라(Change your voice, Change your life)'에서 '왠지 끌리는 사람이 있으면 그의 목소리에 주목하라'라고 하면서 '목소리가 좋으면 사회적으로 성공할 가능성이 높고 건강에도 좋다'라고 강조하였다.

그렇다면 좋은 목소리란 과연 어떤 목소리일까? '은 쟁반에 옥구슬 구르는 소리', '꾀꼬리 같은 소리' 등은 옛날부터 예쁜 목소리를 대표하는 표현들이다. 이 말은 '아름다운 목소리 = 맑고 고운 목소리 = 좋은 목소리'라는 말인데, 그러나 같은 목소리라도 사람에 따라 '좋다' 또는 '싫다'로 호불호가 다를 수 있기 때문에 특정 목소리가 반드시 좋은 목소리라고 단정 지을 수는 없다. 따라서 좋은 목소리에 대해 간단하게 정의하기는 어렵지만 듣기 좋은 목소리 즉, 호감이 가는 목소리를 좋은 목소리라고 할 수 있을 것이다. 다시 말하면, 좋은 목소리란 밝고 건강하며 자신감이 있어 상대방에게 신뢰와 믿음을 줄 수 있는 목소리로 미소와 친절함이 느껴져야 한다. 또한, 목소리의 톤(Tone)이 적당하면서 떨림이 없고 안정감이 있는 목소리가 좋은 목소리라 할 수 있다. 그러기 위해서는 음의 고저, 강약 등의 변화를 살려 자연스럽고 자신만의 개성이 있는 목소리를 만들기 위해 노력해야 한다. 좋은 목소리란 물론 타고 나야겠지만, 부단한 연습과 훈련을 통해 만들어지는 것이다.

음색은 '목소리의 색깔'이라 표현할 수 있으며, 말할 때 개인의 감정이 표현되는 것으로 같은 내용의 기내방송이라 하더라도 방송하는 사람의 음색에 따라 다른 느낌으로 전달될 수 있으므로 주의해야 한다.

좋은 목소리

- 힘이 실려 있는 건강한 목소리
- 자신 있고 당당한 목소리
- 떨림이 없고 목소리 톤에 안정감이 있는 목소리
- 상냥하며 친절함이 느껴지는 목소리
- 밝고 명랑하여 미소가 느껴지는 목소리
- 발음이 정확하며 음의 장·단, 고·저, 강·약이 있어 리드미컬하게 들리는 목소리
- 풍성한 울림이 있어 편안한 느낌을 주며 또렷하게 내용을 전달할 수 있는 목소리

개선이 필요한 목소리

- 단조롭고 무기력한 목소리
- 거칠거나 퉁명스러운 목소리
- 허스키하거나 또는 코맹맹이 소리, 혀 짧은 목소리
- 쉰 듯한 목소리, 금속성의 날카로운 목소리
- 음색이 시종일관 아무런 변화 없는 지루한 목소리
- 음성의 톤이 너무 높거나 낮은 목소리
- 모깃소리처럼 작고 웅얼거리는 목소리
- 불안하게 떨리며 말끝이 갈라지는 목소리

04 좋은 목소리 만들기

좋은 목소리는 건강한 신체에서 나오는 건강하고 밝은 목소리이다. 상대방을 사로잡는 좋은 목소리를 만들기 위해서 성대 관리를 잘하는 것은 가장 기본이다. 그 다음으로 필요한 것이 올바르게 호흡하고, 발성하고, 발음하기 위한 연습을 하는 것이다. 좋은 목소리는 선천적으로 타고나는 것도 중요하겠지만, 부단한 연습과 훈련을 통해서도 충분히 만들 수 있다.

4.1 올바른 호흡(呼吸): 목소리의 기본

인간은 물이나 음식은 며칠 먹지 못해도 살 수 있지만 단 몇 분만이라도 호흡을 하지 못하면 살 수가 없다. 대부분의 사람들은 호흡을 단순히 산소를 들이마시고 이산화탄소를 내뱉는 것으로만 생각하지만, 호흡은 인간의 생존에 있어서 가장 중요하며 목소리를 만드는 기본 요소이기도 하다. 말을 조금만 해도 목이 아프거나 성대에 무리가 온다면 제대로 된 호흡을 하고 있는지 확인해 보아야 한다. 건강하고 안정된 목소리를 갖기 위해서는 무엇보다도 올바른 호흡으로 발성해야 한다.

호흡의 종류

호흡은 크게 흉식호흡과 복식호흡으로 나눌 수 있다. 흉식호흡은 늑골(갈비뼈) 사이에 있는 늑간근이 주로 작용하는 호흡법으로, 외늑간근이 수축할 때 흉곽이 확장되어 공기가 폐로 들어오고 내늑간근이 수축할 때 흉곽이 압축되어 공기가 폐에서 빠져나간다. 호흡을 할 때 가슴 쪽 근육을 이용해서 공기를 흡입하는 것으로, 입으로 들이마시고 입으로 내뱉는 호흡을 말한다. 흉식호흡은 가슴으로 숨을 들이마시기 때문에 폐활량은 적으면서 많은 에너지를 소모하는 방식으로 호흡의 양이 비교적 적다. 그러므로 흉식호흡을 하면서 말을 하게 되면 쉽게 숨이 차고 말이 빨라지면서 점점 메마른 소리가 나온다.

반면에 복식호흡은 코로 숨을 들이마시고 입으로 내뱉는 호흡법으로 호흡을 할 때 배의 근육을 이용해서 횡격막을 수축 또는 이완시킨다.

복식호흡은 배 전체로 움직여서 공기의 흐름을 조절하는 호흡법으로, 숨을 들이마실 때 배가 불룩하게 나오고 숨을 내쉴 때 배가 들어가게 하는 호흡법이다. 복식호흡은 배로 숨을 들이마시기 때문에 흉식호흡에 비해 약 30% 이상 많은 공기를 마실 수 있으므로 안정적인 호흡을 할 수 있다. 따라서 복식호흡을 하면 호흡이 깊어지고 풍부해지며, 보다 윤기 있고 힘 있는 목소리를 낼 수 있기 때문에 좋은 목소리를 내야 하는 직업을 가진 사람들은 복식호흡을 기본으로 하고 있다.

또한, 이 호흡법은 발음과 발성을 좋게 할 뿐만 아니라, 정신을 집중하는 데도 도움을 주기 때문에 좋은 기내방송을 하기 위한 적절한 훈련방법이다.

복식호흡의 효과

사람들 앞에서 자연스럽게 말하는 것이 모든 사람에게 쉬운 것은 아니다. 우리가 TV 프로그램에서 자주 볼 수 있는 화려한 입담을 자랑하는 유명연예인들도 일명 '무대공포증'으로 인해 힘든 시간을 보냈고, 지금도 많은 노력을 통해 극복하고 있다고 한다. 그러니 내성적인 성격의 사람이나 남 앞에 나서는 것을 특히 두려워하는 사람의 경우엔 사람들 앞에서 말하는 것이 더더욱 곤혹스럽고 피하고 싶을 것이다. 하지만 그렇다고 평생 피하면서 살 수는 없지 않은가? 우선 취업을 하기 위해서는 면접에 임해야 하고, 취업에 성공하고 나서도 그 조직의 일원으로 당당히 성장하고 발전하기 위해서는 각종 프레젠테이션을 해야 한다. 사람들은 남 앞에 서서 말을 하거나 공적인 자리에서 프레젠테이션을 해야 하는 경우 그 강도는 다르지만 대부분 긴장을 하게 된다. 긴장을 하면 말할 때 숨이 차고, 호흡이 거칠어지고, 나도 모르게 말이 점점 빨라지고, 목소리가 떨리게 된다. 이러한 증상은 긴장 탓이기도 하지만 실제로 호흡불안으로 인한 호흡부족이 원인이라고 할 수 있다. 이러한 문제를 해결하기 위해서는 한 호흡에 들이마시는 숨의 양을 늘리면 되는데, 그것이 바로 복식호흡이다. 복식호흡법을 익히고 나면 자연스럽게 한 호흡에 들이마실 수 있는 숨의 양이 많아지므로 목소리를 크고 풍부하게 키울 수 있고, 호흡문제로 발생하는 여러 문제들 즉, 긴장하는 상황에서 목소리의 떨림이나 숨이 차는 것, 그리고 말의 속도가 빨라지는 것을 완화시켜준다.

복식호흡은 여러 가지 방법으로 할 수 있는데, 지금부터 다양한 복식호흡법을 연습해보도록 하자.

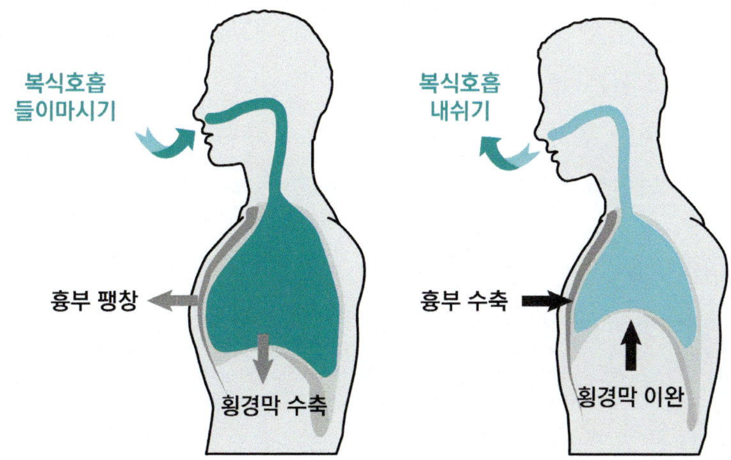

복식호흡 연습법

복식호흡을 위한 기본자세는 우선 전신의 힘을 빼는 것이다. 그러기 위해서 제일 먼저 해야 할 것은 몸을 이완하여 긴장을 푸는 것이다. 그리고 손을 상하좌우로 흔들어보고 머리, 목, 턱, 어깨와 팔 등을 가볍게 풀면서 심호흡을 한다.

■ 복식호흡 연습 1 – 기본

1. 어깨에 힘을 완전히 빼고 상반신은 바르게 세운다. 가슴을 활짝 편 상태에서 다리를 어깨너비로 벌리고 바르게 선다.
2. 호흡하기 편안한 자세를 취하고, 우선 배에 힘을 주는 연습을 한다. 입을 다물고 숨을 코로 천천히 들이마시면서 복부의 팽창감을 충분히 느낄 수 있도록 한다. 숨을 충분히 들이마신 다음 순간 배에 힘을 주고 숨을 멈춘다.
3. 그 다음에는 목에 힘이 들어가지 않은 상태로 숨을 참을 수 있을 때까지 멈추었다가 최대한 천천히 숨을 내뿜는다.
4. 마음을 편안하게 가지고 호흡에 신경을 쓰며 위의 과정을 여러 번 반복하여 익숙해지도록 습관화시킨다.

■ 복식호흡 연습 2

1. 5초 동안 코로 숨을 충분히 들이마신 다음 입을 벌려 '스~~' 소리를 낸다.
2. '스~~' 소리를 낼 때 손바닥을 입 가까이 대고 공기(날숨)가 손바닥까지 전해지는지 느껴본다.
3. '스~~' 소리와 함께 숨을 내뱉을 때 배가 수축되면서 쏙 들어가는 모습이 눈으로도 확인할 수 있어야 올바른 호흡연습이 된다.

■ 복식호흡 연습 3 – 풍선 활용

1. 숨을 최대한 길게 들이마신 후 한 번에 크게 풍선을 불어본다.
2. 이 방법으로 복식호흡을 하면 폐활량을 늘리는 데도 도움이 되고 복식호흡을 보다 쉽게 할 수 있다.

지금까지의 방법 외에도 복식호흡은 다양한 자세로 연습할 수 있다. 바르게 서서, 반듯하게 누워서, 의자나 평평한 바닥에 앉아서, 그리고 다리를 어깨너비로 벌리고 아랫배에 손을 얹고 허리를 앞으로 직각으로 숙였다 펴면서도 연습할 수 있다. 무엇보다도 중요한 것은 이 모든 호흡과정이 자연스럽게 이루어지도록 평소에 꾸준히 연습해야 한다.

4.2 풍부한 소리를 위한 발성

발성이란 성대를 진동시켜 입, 코를 통해 소리가 나게 하는 것을 말한다. 목소리의 높낮이는 성대의 진동수에 따라 결정되는데, 성대가 많이 진동할수록 높은 소리를 내기 때문에 일반적으로 여자의 목소리가 남자보다 높은 음역의 소리를 내게 된다.

또한, 발성은 호흡 방법과 호흡량에 따라서도 달라지므로 올바른 호흡을 통해 호흡이 안정되어 있지 않으면 좋은 발성을 할 수 없다. 목에 힘을 빼고 배에 힘을 주어 목소리를 낼 수 있도록 복식호흡으로 발성하게 되면 풍성하고 안정된 목소리를 낼 수 있으며 말을 많이 하더라도 성대에 무리가 가지 않아 목이 아프거나 쉬지 않는다. 실력 있는 가수들이 몇 시간씩 콘서트를 하면서도 풍부한 성량의 노래를 할 수 있는 비결이 바로 복식호흡을 통해 소리를 내기 때문이다.

발성훈련에서 가장 중요한 것은 얼마나 좋은 목소리를 내느냐의 문제인데, 일반적으로 사람들 앞에서 발표하거나 스피치를 할 때 긴장을 하게 되면 자신의 목소리보다 톤이 높아지고 일명 생소리가 나오게 된다. 이러한 상태가 계속되면 성대에 무리가 가서 목소리가 변할 수 있다. 그러므로 긴장을 하더라도 평소와 비슷한 톤과 목소리를 낼 수 있도록 발성연습이 필요하다.

발성을 위한 기본자세는 우선 몸을 이완하여 긴장을 풀고 전신의 힘을 빼는 것이다. 손을 상하좌우로 흔들어보고 머리, 목, 턱, 어깨와 팔 등을 가볍게 풀면서 다리에 약간 힘을 주고 시선은 전방 15~20도를 주시한다. 그리고 발끝에 중심을 맞추고 몸 전체가 약간 앞으로 기울어진 상태를 만들고 목과 머리의 위치는 발성기관에 영향을 주기 때문에 너무 위나 아래를 향하지 않도록 한다. 심호흡을 하면서 자세를 바로 잡고 반드시 복식호흡과 함께 연습한다.

발성연습 1

❶ 바른 자세로 거울 앞에 서서 크게 하품하듯 입을 크게 벌린다.

❷ 입 안 목젖이 보일 정도로 입을 크고 넓게 벌린 상태에서 '아~~~' 소리를 내보면 울림이 좋고 큰 소리가 나오는 것을 알 수 있다.

❸ 입을 더 크게 벌리면서 '아, 에, 이, 오, 우' 소리를 하나씩 내 본다. 소리를 낼 때 배의 수축을 조절하여 5초, 10초, 15초, 20초 간격으로 변화를 주면서 목소리가 크게, 그리고 풍부한 성량이 나는지를 확인하면서 연습한다.

발성연습 2 - 스타카토 연습법

스타카토(staccato)란 노래할 때 음을 하나하나 매우 짧게 끊어서 부르는 기법을 말한다. 스타카토 기법을 발성연습에 활용할 수 있는데, 꾸준히 연습하면 목소리의 볼륨을 풍부하게 키울 수 있고 소리에 강한 힘이 실려 신뢰감을 주는 목소리를 만들 수 있다. 지금까지 연습한 복식호흡을 짧고 강하게 한다고 생각하면 이해가 쉬울 것이다.

아. 에. 이. 오. 우
하. 헤. 히. 호. 후
하. 하. 하. 하. 하
헤. 헤. 헤. 헤. 헤
호. 호. 호. 호. 호
후. 후. 후. 후. 후

❶ 한 호흡에 숨을 들이마시고 '아, 에, 이, 오, 우' 등을 하나씩 끊어 짧고 강하게 숨과 함께 내뱉는다.

❷ 스타카토 연습을 할 때 주의할 점은 배의 움직임을 눈으로 보면서 소리가 나올 때 배가 들어가는지 확인한다.

❸ 이때 어깨가 올라가거나 가슴이 앞으로 나오지 않도록 주의하면서 연습한다.

❹ 그러나 높은 톤으로 연습하기보다는 성대에 무리가 가지 않도록 '레' 정도의 낮은 톤으로 음을 잡아 연습하도록 한다.

발성연습을 하는 목적은 상대방에게 호감과 신뢰감을 주는 좋은 목소리를 만들기 위함이다. 그러나 잘못된 발성법으로 발성연습을 하다 보면 목을 쥐어짜며 발성하게 되고 오히려 성대에 무리를 주게 되어 심하면 치료를 받아야 하는 상황도 발생할 수 있다. 그러므로 지금 내가 하고 있는 발성연습은 정확한 방법으로 하고 있는지 체크해가면서 해야 한다.

05 또렷하고 명쾌한 발음하기

"말을 하는데 자꾸 웅얼거린다는 지적을 받아요….",
"콧소리 때문에 앵앵거리는 소리가 난다고 해요…",
"뭐라고 말하는지 정확하게 알아들을 수가 없대요…." 등등.

기내방송 수업이나 면접 연습을 하다 보면 목소리와 관련해서 고민을 토로하는 학생들을 볼 수 있다. 그런데 이들이 말하는 것을 잘 관찰해보면 입을 크게 벌리지 않고 입술의 움직임도 별로 없는 것을 발견할 수 있다. 다시 말하면 대충 발음하는 좋지 않은 습관이 몸에 배어서 목소리의 전달력이 나쁜 경우이다.

발음은 호흡, 발성과 함께 좋은 목소리를 만드는데 중요한 역할을 한다. 발성연습이 목소리를 풍부하게, 그리고 멀리 전달하는 역할을 한다면 발음은 메시지를 정확하게 전달하는 역할을 한다. 기내방송이나 프레젠테이션과 같이 많은 사람들에게 의미를 전달하고자 할 때 부정확한 발음은 정확한 의미전달에 큰 걸림돌이 된다. 그러나 선천적으로 발성기관에 문제가 있는 경우를 제외하고는 얼마든지 연습을 통해 정확한 발음을 낼 수 있다. 평소에 하던 게으른 발음 습관을 고친다면 누구든지 웅얼거리거나 앵앵거리지 않고 명확한 발음을 할 수 있다.

말소리를 만드는데 쓰이는 신체 기관을 조음기관(調音器官) 또는 음성기관(音聲器官)이라 한다. 여기에는 입술, 이, 잇몸, 혀, 입천장 등이 속하는데, 분명한 발음을 하기 위해서는 혀와 입술 그리고 아래턱의 움직임이 부드러워야 한다.

평소에 말을 할 때 입술만 달싹거리지 말고 복식호흡을 기본으로 하여 조음기관을 적극적으로 활용하면 보다 정확한 발음을 할 수 있다.

5.1 발음을 위한 준비운동

근육 풀기

❶ 입을 벌린 다음, 턱을 상하, 좌우로 움직인다.

❷ 입을 다물고 볼을 부풀린다. 그리고 좌우 방향으로 번갈아 가며 볼 부풀리기를 한다.

❸ '아, 에, 이, 오, 우'를 입술 모양을 정확하게 만들면서 발음한다.

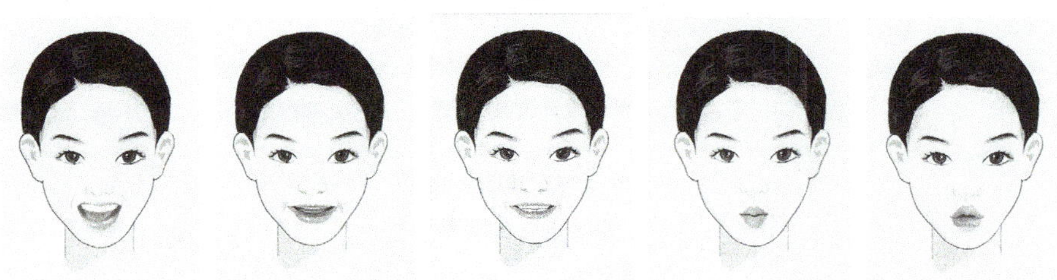

모음발음연습

아	자연스럽게 아래턱을 내려 입을 벌리고, 숨을 내쉬면서 '아~' 하고 길게 발음한다.
애	'아' 발음에서 아래턱을 살짝 다물고 혀끝은 아랫니 안쪽에 붙이며 '애~' 하고 발음한다.
어	'아' 발음보다 위턱을 더 벌리고 아래턱은 약간 벌린다. 혀끝은 아래 앞니 뒤쪽으로 붙이고 발음한다.
에	'이' 발음보다 입술을 위아래로 약간만 더 벌리고 입속을 넓게 만든다는 느낌으로 발음한다.
오	위아래 입술을 작은 동그라미 모양으로 둥글게 만들고 혀는 약간 아래로 내리고 발음한다.
우	입술을 둥글게 앞으로 빼고 입술 양쪽에 힘을 빼고 발음한다.
위	'위'는 이중모음으로, '우' + '이'가 들리도록 발음한다.
으	입천장을 살짝 들고 혀를 거의 움직이지 않고 입술을 평형하게 하고 발음한다.
이	입술과 이를 양옆으로 잡아당기고 혀끝은 아랫니 안쪽에 붙이고 '이~'로 발음한다.

자음발음연습

■ 두 입술이 맞닿았다가 떨어지면서 나는 소리(순음)

ㅁ, ㅂ, ㅃ, ㅍ

■ 혀끝과 잇몸 사이에서 나는 소리(치조음)

ㄴ, ㄷ, ㄹ, ㄸ, ㅌ, ㅅ, ㅆ

■ 혓바닥과 경구개(입천장) 사이에서 나는 소리(경구개음)

ㅈ, ㅉ, ㅊ

■ 연구개(입천장 뒤쪽)와 혀의 뒷부분 사이에서 나는 소리(연구개음)

ㄱ, ㄲ, ㅋ, ㅇ

■ 목구멍에서 나오는 소리(후음)

ㅎ

발음하기 어려운 단어 연습

발음하기 어려운 단어를 꾸준히 반복적으로 연습해보자. 발음연습을 하다 보면 잘 안 되던 단어 발음도 교정할 수 있고, 부정확하고 어눌한 부분도 충분히 개선할 수 있다. 친구들과 조를 짜서 연습해보면 좀 더 재미있게 할 수 있을 것이다.

장충동족발, 돌솥비빔밥, 게살샥스핀, 영동용봉탕, 양념꼼장어, 숯불불고기, 청송콩찰떡, 안흥팥찜빵, 합성착향료, 한라산산삼, 경찰청창살, 안양양장점, 건강검진진료, 철수책상철책상, 농림수산식품부, 한국관광공사, 박남정춤, 침실겸거실, 연평균강수량, 국세청연말정산, 반품상품, 난방방법변경

발음연습하기

■ 자모음표 읽기 연습

❶ 자모음표 읽기를 연습하는 방법은 왼쪽에서 오른쪽으로 스타카토로 큰소리 내어 읽고, 위에서 아래쪽으로 역시 스타카토로 큰소리로 읽으면 된다.

❷ 단, 발음할 때는 모음의 변화에 따라 입 모양이 정확한 모습을 유지하는지 스스로 자신의 입 모양을 확인하면서 평소보다 느린 속도로 또박또박 정확히 해야 한다.

❸ 될 수 있으면 입 주변의 근육을 크게 움직여서 발음해야 평소 습관이 개선된다.

	ㅏ	ㅑ	ㅓ	ㅕ	ㅗ	ㅛ	ㅜ	ㅠ	ㅡ	ㅣ
ㄱ	가	갸	거	겨	고	교	구	규	그	기
ㄴ	나	냐	너	녀	노	뇨	누	뉴	느	니
ㄷ	다	댜	더	뎌	도	됴	두	듀	드	디
ㄹ	라	랴	러	려	로	료	루	류	르	리
ㅁ	마	먀	머	며	모	묘	무	뮤	므	미
ㅂ	바	뱌	버	벼	보	뵤	부	뷰	브	비
ㅅ	사	샤	서	셔	소	쇼	수	슈	스	시
ㅇ	아	야	어	여	오	요	우	유	으	이
ㅈ	자	쟈	저	져	조	죠	주	쥬	즈	지
ㅊ	차	챠	처	쳐	초	쵸	추	츄	츠	치
ㅋ	카	캬	커	켜	코	쿄	쿠	큐	크	키
ㅌ	타	탸	터	텨	토	툐	투	튜	트	티
ㅍ	파	퍄	퍼	펴	포	표	푸	퓨	프	피
ㅎ	하	햐	허	혀	호	효	후	휴	흐	히

■ 발음하기 어려운 문장 연습

· 간장공장 공장장은 강 공장장이고, 된장공장 공장장은 장 공장장이다.

· 들의 콩깍지는 깐 콩깍지인가 안 깐 콩깍지인가.
깐 콩깍지면 어떻고 안 깐 콩깍지면 어떠냐?
깐 콩까지나 안 깐 콩깍지나 콩깍지는 다 콩깍지인데

· 한양 양장점 옆 한영 양장점, 한영 양장점 옆 한양 양장점

· 네가 그린 기린 그림이 긴 기린 그림이냐, 안 긴 기린 그림이냐!

· 멍멍이네 꿀꿀이는 멍멍해도 꿀꿀하고, 꿀꿀이네 멍멍이는 꿀꿀해도 멍멍하네.

· 앞집 팥죽은 붉은 팥 팥죽이고, 뒷집 콩죽은 해콩 단콩 콩죽, 우리 집 깨죽은 검은깨 깨죽인데 사람들은 해콩 단콩 콩죽 깨죽 죽 먹기를 싫어하더라.

· 중앙청 창살은 쌍 창살이고, 시청 창살은 외 창살이다.

· 저기 있는 말 말뚝이 말 맬 말뚝이냐, 말 못 맬 말뚝이냐?

· 서울특별시 특허허가과 허가과장 허 과장

· 뭉실뭉실 두리뭉실 감자 같은 내 엉덩이

· 생각이란 생각하면 생각할수록 생각나는 것이 생각이므로 생각하지 않는 생각이 좋은 생각이라 생각한다.

· 고려고 교복은 고급교복이고 고려고 교복은 고급원단을 사용했다.

· 깊은 산속 부엉이는 부엉 부엉하고 깊은 계곡 꾀꼬리는 꾀꼴꾀꼴한다.

· 내가 그린 그림은 뭉게구름 그린 그림이고, 네가 그린 그림은 양털구름 그린 그림이다.

· 라디오는 랄라라라 노래하고, 나는 릴라라라 춤을 춰요.

· 작은 토끼 토끼통 옆에는 큰 토끼 토끼똥이 있고, 큰 토끼 토끼통 옆에는 작은 토끼 토끼똥이 있다.

· 저분은 백 법학 박사고, 이분은 박 법학 박사다.

· 작년에 온 솥 장수는 헌 솥 장수고, 금년에 온 솥 장수는 새 솥 장수다.

· 상표 붙인 큰 깡통은 깐 깡통인가? 안 깐 깡통인가?

· 신진 샹송 가수의 신춘 샹숑쇼

· 안 촉촉한 초코칩 나라에 살던 안 촉촉한 초코칩이 촉촉한 초코칩 나라의 촉촉한 초코칩을 보고 촉촉한 초코칩이 되고 싶어서 촉촉한 초코칩 나라에 갔는데 촉촉한 초코칩 나라의 문지기가 "넌 촉촉한 초코칩이 아니고 안 촉촉한 초코칩이니까 안 촉촉한 초코칩 나라에서 살아."라고 해서 안 촉촉한 초코칩은 촉촉한 초코칩이 되는 것을 포기하고 안 촉촉한 초코칩 나라로 돌아갔다.

미리 해보는 **세계여행 ④**

: 태국편 

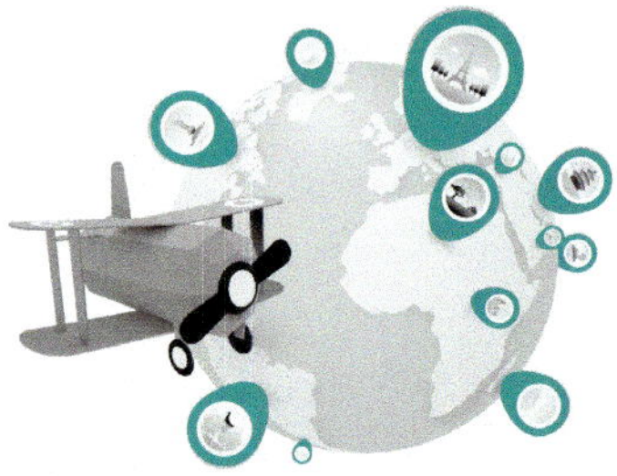

태국의 가장 큰 섬 푸켓 여행 - 팡아만

- ✔ 팡아만 해에는 130개가 넘는 작은 섬들로 이루어져 있고, 바다에는 아름다운 기암괴석이 장관을 이루고 있다.
- ✔ 영화 007 시리즈의 [황금총을 가진 사나이]에 등장했던 일명 제임스 본드 섬이라고 불리는 타푸섬은 꼭 봐야 할 명소
- ✔ 레오나르도 디카프리오 주연의 '더 비치'의 촬영지로 유명한 아름다운 에메랄드빛의 피피섬
- ✔ 마을 전체를 물속에 지주를 세워서 만든 수상가옥 판이섬 등

제임스 본드 섬

판이섬

PART 03

한국어 방송 준비

In-Flight
Announcement

CHAPTER

05 한국어 방송의 방법

학습목표

한국어 기내방송을 잘하기 위한 음성과 음색, 발음법, 억양과 악센트, 띄어 읽기 및 속도 등을 파악할 수 있다.

기내방송은 승객과의 소통을 위한 채널이며, 기내방송을 하는 목적은 정보를 전달하기 위함이다. 그러므로 승객들이 방송의 내용을 쉽게 이해할 수 있도록 하는 방송이 좋은 방송이라 할 수 있다. 내용을 잘 전달하기 위해서는 정확한 발음, 자연스러운 억양과 악센트, 적당한 속도, 그리고 알맞은 크기로 방송해야 한다. 아울러 밝은 표정으로 성의 있고 친절한 느낌이 전달되도록 하여, 여유 있고 친근한 방송이 되도록 해야 한다.

01 음성(목소리)과 음색

목소리는 제2의 이미지라고 할 만큼 첫인상을 결정하는 중요한 요인이다. 그러므로 우리는 목소리만 듣고도 그 사람이 교양이 있는지, 성품은 어떤지 등을 짐작

할 수 있다. 그러므로 너무 가라앉은 목소리나 거드름에 찬 목소리, 또는 기교를 부리는 듯한 목소리는 오히려 역효과를 줄 수 있다.

그렇다면 기내방송에 적합한 목소리는 어떤 목소리일까? 간단하게 정의하기는 어렵지만 듣기 좋은 목소리 즉, 밝고 건강한 목소리이다. 다시 말하면, 솔직하고 자연스러우며 윤기 있는 목소리로 자신감이 있어 상대방에게 신뢰와 믿음을 줄 수 있는 목소리로 미소와 친절함이 느껴지는 지적인 느낌과 안정감을 주는 중저음 목소리를 말한다. 또한, 목소리의 톤(Tone)이 적당하면서 떨림이 없는 목소리를 좋은 목소리라 할 수 있다.

음색은 '목소리의 색깔'이라 표현할 수 있으며, 말할 때 개인의 감정이 표현되는 것으로 같은 내용의 방송이라 하더라도 방송하는 사람의 음색에 따라 다른 느낌으로 전달될 수 있으므로 주의해야 한다. 기내방송에 적합한 목소리와 음색을 내기 위해서 다음과 같은 점에 유의하도록 한다.

- 복식호흡을 통해 호흡을 조절하여 부드러우며 안정된 목소리를 낼 수 있도록 한다.
- 기내방송에는 상냥하며 차분한 느낌의 음색, 그리고 안정적이면서도 자신 있는 음색이 바람직하다. 때때로 기내방송에 익숙한 승무원들이 다소 정형화된 거만한 음색으로 기교를 부려 듣는 이로 하여금 거부감을 느끼게 하는 경우도 있는데, 방송은 방송하는 승무원 개개인의 개성이 표출되므로 신선하고 정성스러운 음색을 낼 수 있도록 꾸준히 연습해야 한다.
- 목소리의 톤이 너무 높은 소리는 안정적이지 못하여 반복해서 듣게 되면 거슬릴 수 있으므로 바람직하지 못하다. 반면에 낮은 톤의 목소리는 안정적이기는 하나 분위기가 어두워 전달력이 떨어지므로, 듣기 좋으며 내용의 전달이 잘되는 편안한 소리가 나도록 적당한 음색으로 방송하여야 한다.
- 단조롭고 무기력한 목소리, 거칠거나 퉁명스러운 목소리, 허스키하거나 또는 코맹맹이 소리는 기내방송에 적당하지 않으므로 꾸준한 연습을 통해 개선하

여 적절한 음색을 낼 수 있도록 노력해야 한다.

좋은 목소리를 타고 나지 않았다고 실망할 필요는 없다. 왜냐하면, 꾸준하고 반복적인 훈련을 통해 만들면 되기 때문이다. 중간에 포기하지 말고 충분히, 그리고 꾸준히 연습한다면 누구나 좋은 목소리를 낼 수 있다.

02 발음

옛날부터 우리 조상은 고유의 언어를 사용했는데, 이 고유 언어를 일반적으로 한국어 또는 국어라고 한다. 그런데 한국어는 오랜 시간에 걸쳐 우리 민족이 사용하는 동안 각 지역에 따라 많은 차이가 나타나게 되었는데, 이렇게 차이가 난 말을 방언 또는 사투리라고 한다.

방언에는 전국의 어느 도(道)의 사람이나 모두 알아들을 수 있는 말이 있는 반면에, 다른 지역 사람들은 전혀 알아들을 수 없는 방언도 있다(예: 제주도 방언). 그런데 같은 나라에서 사는 사람들끼리 방언 때문에 서로 의사소통이 안 된다거나 오해가 생긴다면 이것은 큰 문제가 아닐 수 없다. 그래서 우리나라에서는 특정 시대, 특정 지역, 특정 계층에서 사용하는 말을 정하여 모든 국민이 배우고 쓸 수 있게 하는데, 이것을 표준어라고 한다.

우리나라는 1933년에 '한글 맞춤법 통일안'에서 표준어의 정의를 "표준말은 대체로 현재의 중류사회에서 쓰는 서울말로 한다."라고 하였으나, 1988년 '표준어 규정'의 총칙에서는 "표준어는 교양 있는 사람들이 두루 쓰는 현대 서울말로 정함을 원칙으로 한다."라고 밝히고 있다. 여기에서 '교양 있는 사람들'이란 말은 계급적 조건을 나타내는 것으로서, '교양 없는 사람들'의 말은 표준어가 될 수 없음을 의미한다. 예를 들어, 지나친 비어나 속어, 유행어 같은 것은 표준어가 될 수 없다.

그리고 '교양 있는 사람들'의 말이라도 일부만 사용하면 안 되고, '두루' 사용해야 한다는 조건이 들어 있다.

표준어 구사의 당위성은 '보편성'에서 찾을 수 있다. 특정 계층, 특정 지역 또는 소수가 아는 특정의미의 단어를 구사하는 것은 의미전달과 듣는 이로 하여금 말하는 이의 감정과 내용의 이해가 제한적으로 이루어질 수 있기 때문에 표준어 사용은 강제되고 권장되는 것이다.

기내방송을 할 때는 개인이 습관적으로 사용하는 잘못된 언어 습관이나 사투리(방언)를 사용하지 않도록 주의하고, 정확한 표준어 발음을 구사하여 승객들이 쉽게 이해할 수 있도록 방송해야 한다. 그러기 위해서 다음과 같은 사항에 유의하도록 한다.

- 기내방송의 질을 결정하는 것은 정보의 전달을 정확하게 하기 위한 정확한 발음이다. 따라서 방송 중에 사투리나 경음화된 발음이 되지 않도록 표준어를 사용한다.
- 평상시에 대화할 때보다 입 주변의 근육을 더 많이 사용하여 입을 크게 벌리고 입술의 모양에 주의하여 더욱 명확하고 또렷한 소리가 나도록 정확하게 발음한다.
- 각 단어의 음이 생략되지 않도록 주의하고, 충분한 음가가 나도록 한 단어, 한 단어를 성의 있게 발음한다.

한국어 발음을 할 때 유의해야 할 사항들은 다음과 같다.

2.1 장, 단음(長, 單音) 발음

우리말은 같은 단어이지만 소리의 길이에 따라 뜻이 달라지는 경우가 흔히 있다.

예 1

· 사과(과일)/ 사:과(謝過), 감사(監査)/ 감:사(感謝),
· 상품(商品)/ 상:품(上品), 부자(父子)/ 부:자(富者),
· 가장(家長)/ 가:장(假將), 한식(寒食)/ 한:식(韓式),
· 묻다(땅에 파묻다)/ 묻:다(질문하다), 새집(새로 지은 집)/ 새:집(새의 집)

예 2

· 배가 아파서 배 밭에 나가 배를 먹는데 배를 타고 가던 사공이 배가 아프냐 배가 고프냐 묻더라(과일의 배, 사람의 배, 타는 배는 단음, 단 곱절의 배는 장음)

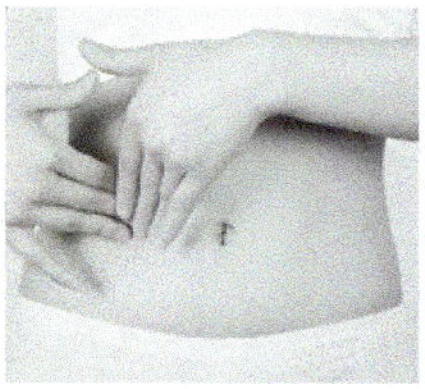

· 밤:이 익어서 밤에 밤: 따러 갔더니 밤이 어두워 밤:은 못 따고 밤만 깊어 가더라.

· 장:이 없어서 장:을 구하러 장에 갈까 했더니 장이 아파서 장에도 못 가고 장:맛도 못 봤다.

장, 단음을 지켜서 발음하게 되면 말의 뜻을 구별 짓게 하는 소위 변별력의 기능이 생기며, 자연스럽게 강약고저(强弱高低)의 리듬을 타게 되어 음악적인 리드미컬한 방송을 할 수 있다. 따라서 장음의 음절에는 악센트가 생겨 방송이 물결을 타게 되어 다양한 억양이 자연스럽게 생길 뿐만 아니라 방송의 흐름이 수월해져서 내용을 정확하게 전달할 수 있다. 장음은 대부분 단어의 첫음절에서만 긴소리가 나며, 둘째 음절에서는 장음이 소멸된다. 그러므로 장음인 단어의 경우엔 첫음절을 조금 길게 발음하거나, 강세를 두어 발음한다.

단어	단어
감:사합니다	유:의해 주십시오
검:역신고서	자세한 사:항
금:연이오니	잠:시 후
면:세품	전:원을
상:공	전:자제:품
세:관신고서	좌:석벨트를 매:주시고
여:실 때는	착륙 준:비를 위:해
예:정하고 있으며	항:공법
오:전, 오:후	** 항:공
비:상구	보:관하시기
문:의해 주시기	모:시겠습니다
언:제든지	모:든 분께서는
과:일	동:식물
개:인 위생관리	선반 속:에
넣:어 주십시오	죄:송합니다
계:속해서	이:용하실 분께서는

기내방송의 예

장·단음 표시에 유의하면서 읽어봅시다.

- 손님 여러분, 곧 착륙하겠습니다. 좌:석벨트를 매:셨는지 다시 한 번 확인해 주시기 바랍니다. 감:사합니다.
- 비:상시, 비:상구 옆에 계:신 손님은 승무원의 안:내에 따라, 다른 손님들의 탈출을 도와주십시오.
- 미국산 과:일, 동:식물은 한:국에 가지고 오실 수 없:으며, 여행 중 개:인 위생관리에 각별히 유의하시기 바랍니다.

2.2 이중모음 발음

이중모음이란 두 모음이 결합하여 있는 형태를 말하며, [ㅑ, ㅕ, ㅛ, ㅠ, ㅒ, ㅖ, ㅘ, ㅙ, ㅝ, ㅞ, ㅟ, ㅢ]의 12 소리를 말한다. 이중모음은 복모음(複母音) 또는 중모음(重母音)이라고도 하는데, 이중모음의 발음이 틀리게 되면 의미가 달라지거나 엉뚱한 말이 되므로 주의해야 한다.

예

· 연세 의대 → 으대 / 이대 (×)
· 의사, 의원 → 으사, 이사 / 으언, 이언 (×)
· 외무부장관 → 애무부장간 (×)
· 의왕시의회의원 → 이앙시이에이언 / 으앙시으에으언 (×)
· 뒤지다 → 디지다 (×)
· 한국의 경제는 위기입니다 → 한국에 겡제는 이깁니다 (×)

이중모음 중 하나인 [의]는 이중모음으로서 제 음가대로 분명히 발음하는 것이 원칙이다. 그러나 발음의 편의에 따라 [이]나 [에]로도 발음되기도 한다. [의]의 발음은 위치나 쓰임에 따라 다르게 발음되므로 주의한다.

- 본래의 음가대로 발음되는 경우: 단어의 맨 앞에 올 때: [의]로 발음

의사[의사], 의자[의자], 의무실[의무실]

- 변음이 되어 발음되는 경우

❶ 단어의 중간이나 끝에 놓일 때: [이]로 발음

문의사항[문이사항], 편의점[편이점], 주의해[주이해] 주시고, 유의해[유이해]

❷ 조사로 쓰일 때: [에]로 발음

ooo항공 202편의[에] 기장은, 인천국제공항의[에], 주머니 속의[에], 비행기의[에], 선반 위의[에]

QUIZ

"민주주의의 의의와 우리의 희망"의 발음은?

다음은 기내방송문 중 이중모음과 관련된 예다. 잘못된 발음이 되지 않도록 입을 크게 벌리면서 정확하게 발음한다.

단어	잘못된 발음	단어	잘못된 발음
관계	간게	전원	저넌
세관	세간, 쇠간	정확한	정하칸, 정아칸
악화	아카	좌석	좌슥, 자슥
영화	영하	죄송	재송
예상	에상	쾌적한	캐저칸, 캐즉한
예약	에악	화장실	하장실
외국인	애국인	확인	학인
외화	애화	휴대전화	휴대전하, 휴대저나

기내방송의 예

이중모음 발음에 유의하면서 읽어봅시다.

- 좌석벨트를 매셨는지 다시 한 번 확인해 주시기 바랍니다.
- 구입을 원하시면 주문서를 써주시고, 예약 주문하신 분은 승무원에게 말씀해 주시기 바랍니다.
- 참고로, 중국 위안화로 지불하실 때는 10위안부터 사용하실 수 있습니다.

2.3 받침 발음

■ 받침소리는 'ㄱ, ㄴ, ㄷ, ㄹ, ㅁ, ㅂ, ㅇ'의 7개의 자음 소리로 발음한다.

> 있다[읻따], 빚다[빋따], 닦다[닥따], 덮다[덥따], 앉다[안따], 닮다[담:따], 맑습니다[막씁니다], 놓고[노코]

■ 받침 'ㄲ, ㅋ, ㅅ, ㅆ, ㅈ, ㅉ, ㅌ, ㅍ'은 단어의 끝 또는 자음 앞에서 각각 대표음 [ㄱ, ㄷ, ㅂ]으로 발음한다.

> 닦다[닥따], 키읔[키윽], 키읔과[키윽꽈], 있다[읻따], 빚다[빋따] 솥[솓], 앞[압], 꽂[꼳], 웃다[욷따], 덮다[덥따]

■ 겹받침 'ㄳ, ㄵ, ㄼ, ㄽ, ㄾ, ㅄ'이 단어의 끝이나 자음 앞에 놓이면 각각 [ㄱ, ㄴ, ㄹ, ㅂ]으로 발음한다.

> 넋[넉], 넋과[넉꽈], 앉다[안따], 여덟[여덜], 외곬[외골], 값[갑], 없다[업따]

■ 겹받침 'ㄺ, ㄻ, ㄿ'은 단어의 끝 또는 자음 앞에서 각각 [ㄱ, ㅁ, ㅂ]으로 발음한다.

> 닭[닥], 흙[흑]

■ 자음인 [ㅎ]을 발음할 때 [ㅇ]으로 발음되지 않도록 주의한다.

비행기[비앵기×], 확인해[확인애×], 동해[동애×], 경영학[경영악×]

다음은 기내방송문 중 받침과 관련된 예이다. 잘못된 발음이 되지 않도록 정확하게 발음한다.

단어	잘못된 발음
검역	검녁
계속해서	계소개서
도착하겠습니다	도차가게씀니다
밑이나	미티나
비행기	비앵기
사용하실 수	사용하싯수
선반	섬반
안전을 위해	안전으 이해
여행을 위해	여앵을 위애
읽고	익꼬
입국	익꾹
점심	점신, 전심
착륙하겠습니다	창뉴가게씀니다
출국	추국
확인해	확인애
호흡을	호읍을

2.4 연음 발음

다음을 발음해 보자.

밑을, 맑다, 불법, 맑겠습니다, 창구[미틀, 막따, 불법, 말께씁니다, 창구]

혹시 위의 단어를 '미츨, 말따, 불뻡, 막께씁니다, 창꾸'로 발음했다면 전부 잘못 발음한 것이다.

연음이란 단음(單音)이 연결되어 이루어지는 음을 의미하는 것으로, 받침을 다음 음절의 첫소리로 옮겨서 발음하는 것을 의미한다.

홑받침

· 연음되는 받침은 본음대로 따르는 것이 원칙

→ 부엌이[부어키], 낯을[나츨], 무릎에[무르페]

겹받침

· 첫째 받침은 그대로 받침의 소리로 발음하고 둘째 받침은 다음 음절의 첫소리로 옮겨 발음

→ 닭이[달기], 여덟을[여덜블]

· 겹받침 'ㄳ, ㄽ, ㅄ'의 경우: 'ㅅ'을 연음하되 된소리 [ㅆ]으로 발음

→ 넋을[넉쓸], 값이[갑씨]

예

단어	올바른 발음	단어	올바른 발음
넣어	너어	읽고	일꼬
맛있는	마싣는	좌석 밑에	좌석 미테
앉아	안자	필요하시면	피료하시면

2.5 사투리 및 경음화 발음

사투리

TV나 영화 속에서 사투리로 구성지게 말하는 아이돌을 보면 반전의 매력을 느끼기도 하고 왠지 친근한 느낌이 들게도 된다. 또한, 평소 친구들과 사적인 자리에서 또는 일상적인 대화를 할 때 각 지방의 특색 있는 사투리(방언)를 듣게 되면 소박함과 정겨움을 느낄 수 있다. 그러나 공식적인 자리에서는 얘기가 달라진다. 특히 사투리가 섞인 기내방송을 듣게 된다면 정확한 내용의 전달이 되지 않을 뿐만 아니라 세련된 느낌을 받기가 어려우므로 기내방송을 할 때는 표준어 발음을 구사하여야 한다. 우리나라의 지방에 따른 대표적인 발음의 특징은 다음과 같다.

■ 경상도 지역

· 문장 앞부분의 tone을 높여 말하는 경향
· '어' 발음을 '으' 로 발음하는 경향
· '으' 발음을 '어' 로 발음하는 경향
· 이중모음의 부정확한 발음
· 불규칙한 억양의 발생

■ 전라도 지역

· 어미를 끄는 경향
· '의' 발음을 '으' 로 발음하는 경향
· 문장 내에서 끄는 경향

예

· 증권거래소 → 정꿘거래소 (X)
· 증거 → 정거 (X)
· 확실합니다 → 학씰합니다 (X)
· 확신 → 학씬 (X)
· 천원권 → 처넝껀 (X)
· 우리들 → 우리덜 (X)
· 최고위원 → 체고이언 (X)
· 귀엽고 이쁘다→기역꼬 이쁘다 (X)
· 한국의 경제는 위기입니다 → 한국에 겡제는 이깁니다 (X)

경음화

경음화란 받침 뒤에 연결되는 평음인 'ㄱ, ㄷ, ㅂ, ㅅ, ㅈ'이 발음될 때 자연스럽게 'ㄲ, ㄸ, ㅃ, ㅆ, ㅉ'인 경음(된소리)으로 바뀌는 현상을 말한다. 다음은 경음화의 예이다.

예

국밥[국빱], 있던[읻떤], 꽃다발[꼳따발], 앉고[안꼬], 닭고[닥꼬], 절도[절또], 갈등[갈뜽], 할지라도[할찌라도], 일시[일씨], 강가[강까], 봄바람[봄빠람]

그러나 잘못된 경음화 발음을 하지 않도록 주의해야 한다.

예

· 가득 → 가뜩 (X)
· 진하다 → 찐하다 (X)
· 창고 → 창꼬 (X)
· 고추장 → 꼬추장 (X)

다음은 기내방송문 중 사투리와 경음화의 잘못된 발음의 예이다. 사투리나 잘못된 경음화 발음이 되지 않도록 주의하며 발음해 보자.

단어	잘못된 발음	단어	잘못된 발음
간단한	간딴한	의사	으사, 어사
검역당국	거멱땅국	즐거운	절거운
그러나	그르나	지금부터	지끔부터
금연	검연	탑승	탑썽

2.6 음절의 생략

요즘의 10~20대 학생들은 인터넷 신조어를 빈번하게 사용하고 말을 줄이는 등 잘못된 표준어 발음을 하는 경우를 흔히 볼 수 있다. 그러나 기내방송에서는 반드시 표준어를 사용해야 하고, 표준어 발음법에 따라 발음해야 한다. 따라서 방송을 할 때는 음절이 생략되지 않도록 주의하고, 잘못된 발음을 습관적으로 반복하여 사용하지 않도록 주의한다.

단어	잘못된 발음	단어	잘못된 발음
감사합니다	간사함다	안녕하십니까	안냐심까
그리고	그리구	진심으로	진심으루
바랍니다	바람다	~해 주시고	~해 주시구
비행기	뱅기		

2.7 구어체의 사용

기내방송문은 구어체와 문어체의 조화로 이루어진 문장으로 구성되어 있다.

그러나 실제로 방송을 할 때는 문어적인 표현보다는 구어적인 표현을 사용하는 것이 바람직하다. 문어적인 표현으로 쓰여 있어도 방송을 할 때는 축약해서 사용한다.

문어적인 표현	구어적인 표현
김영수입니다	김영숩니다
~되어, ~되었으며, ~되었습니다	~돼, ~됐으며, ~됐습니다
오전 10시입니다	오전 열씹니다
있사오니	있으니
출발하겠사오니	출발하겠으니
~하여, ~하였으며, ~하였습니다	~해, ~했으며, ~했습니다

03 억양(Intonation)과 악센트(Accent)

억양이란 말소리의 높낮이에 나타나는 변화를 말하며, 사전적 의미는 말의 표현에 있어 어조(語調)를 '눌러야 할 때 누르고, 높여 살려야 할 곳은 높이는 것'을 말한다.

사람의 다양한 감정(예를 들면, 놀라움, 분노, 기쁨, 슬픔 등)은 억양을 통해 자연스럽게 전달되므로 사람의 말은 자연히 높낮이와 강약을 동반하면서 파도를 타듯 리드미컬하게 이어진다. 또한, 말하는 사람의 감정과 의도를 표현하기 위해 한 단어 또는 한 구절을 강조하면 억양이 자연스럽게 생기게 된다. 그리고 각 어휘의 장·단음과 무거운 음절과 가벼운 음절에 의해 붙게 되는 악센트(Accent)가 억양을 만들어 주기도 한다. 억양의 기본 요소로는 소리의 강약(强弱), 장단(長短), 고저(高低)가 중심이 되는 강세 넣기와 말의 뜻을 살리는 띄어 읽기와 말의 속도, 표현 효과를 높이기 위한 음색이 포함된다. 이 요소들이 어울려 조화를 이룰 때 기내방송의 생명인 명확한 내용전달과 자연스러운 표현이 살아난다.

억양과 악센트를 살려 방송의 내용을 효과적으로 전달하고 말하듯이 자연스러운 방송하기 위한 방법은 다음과 같다.

1. 방송의 내용을 정확하게 파악할 수 있도록 가급적이면 외우도록 한다. 물론 방송문 전체를 외울 순 없겠지만, 내용을 외우고 방송을 할 때와 외우지 않고 방송을 할 때는 많은 차이를 보이게 된다. 내용 전체를 외웠을 때 자연스러운 흐름을 기대할 수 있다.
2. 방송문에 장·단음을 표시한다. 한국어의 악센트는 장·단음만 확실하게 지키면 부수적으로 따라온다. 장음에 악센트를 줌으로써 자연스러운 억양을 살릴 수 있는데, 이는 장·단음의 기능 중 의미의 변별력과 발음의 편리성 때문이기도 하다.

예

- 손님 여러분, 비:상용 장비와 비:상구 이:용 방법에 대해 안:내 말씀드리겠습니다.
- 손님 여러분, 잠:시 후 앞문과 뒷:문으로 내려주시기 바랍니다.

3. 인명(기장의 이름), 지명(도착지, 경유지), 숫자(편명, 날짜와 시간) 그리고 중요한 부분을 확실하게 전달하고자 할 때 강세를 두거나 천천히 읽는다.

예

- 이 비행기는 로스앤젤레스까지 가는 ** 항공 123편이며, 비행시간은 9시간 30분으로 예:정하고 있습니다.
- 전 노선 금:연을 실시하고 있으며…
- 세:관신고서는 가족인 경우 한 장을 쓰시고 검:역질문서는 모:든 분이 써 주시기 바랍니다.

4 책 읽는 것처럼 딱딱하거나 변화 없는 단조로운 억양으로 방송하게 되면 손님들은 지루하게 느껴져 방송에 귀 기울이지 않는다. 또한, 지나치게 과장된 억양을 사용하면 오히려 부자연스러워 세련된 느낌을 줄 수 없다. 따라서 읽는 것이 아니라, 말을 하는 것처럼 다양한 억양을 사용해서 균형과 조화를 이룬 자연스러운 방송이 되도록 해야 한다.

5 방송문에 띄어 읽기를 표시한다. 글을 쓸 때 띄어쓰기를 하는 목적은 글의 뜻을 쉽게 알 수 있도록 하는 데 있다. 띄어 읽기 역시 말의 의미를 정확히 하기 위해 반드시 지켜야 할 '가장 중요한 요소'이다. 말의 기본정신인 '말하는 사람의 사상과 감정의 정확한 전달'은 띄어 읽기를 함으로써 살아나는 것이다.

예

- 손님 여러분,/ 곧 이륙하겠습니다./ 좌석벨트를 매셨는지﹀ 다시 한 번 확인해 주시기 바랍니다.// 감사합니다.//
- 손님 여러분,/ 기내에서 면세품을 판매하고 있으니﹀ 안내서를 참고하시고,﹀ 구입을 원하시면﹀ 주문서를 써 주시기 바랍니다.// 감사합니다.//

(﹀) - 순간 띄기, (/) - 보통 띄기, (//) - 긴 띄기

6 어미를 세련되게 처리하는 것은 좋은 방송 여부의 잣대가 된다. 문장의 어미(語尾)의 끝은 끌지 말고 가능하면 음정을 '도'로 안정되게 내린다. 또한, 말의 강도(強度)를 "여리게" 어미처리를 하는 것이 "친절하면서도 품위 있게 방송하는 법"의 한 가지 기법이 될 수 있다. 그러나 방송에 있어서 어미처리가 똑같이 반복되는 것은 세련되지 못하다. 억양의 변화를 위해 경우에 따라서는 '미'나 '솔'에서 끝날 수도 있다(예. 손님 여러분, 안녕하십니까?). 또한, 문장을 반복적으로 올리거나 내리지 않도록 한다. 이어지는 부분은

살짝 올려서 자연스럽게 연결하고, 쉼표나 마침표가 있는 곳에서는 어미를 약간 내려 안정감 있게 마무리한다.

7 그렇다고 억양을 너무 올렸다 내렸다 하게 되면 자칫 산만하게 들릴 수 있으므로 완만한 억양을 사용하여 부드럽고 자연스러운 흐름을 유지한다.

8 한 문장의 중간에서 띄어 읽을 때 반복적으로 말끝을 올리거나, 어미를 길게 끄는 등 부자연스러운 억양이 되지 않도록 한다.

04 띄어 읽기

'친구새끼손가락은유난히길다.'

무슨 뜻일까?

'친구 새끼손가락은 유난히 길다,' 또는 '친구새끼 손가락은 유난히 길다.'

위와 같이 문장을 읽을 때 어느 위치에서 띄어 읽느냐에 따라 그 의미가 다르게 전달될 수 있다.

예

아버지가﹀ 방에 들어가셨습니다.	아버지﹀ 가방에 들어가셨습니다.
아름다운﹀ 여인의 마음씨	아름다운 여인의﹀ 마음씨
그, ﹀ 새끼강아지를 잘 키워야 할 텐데!	그 새끼,﹀ 강아지를 잘 키워야 할 텐데!
나는, ﹀ 민우와 영우에게 소리쳤다.	나는 민우와, ﹀ 영우에게 소리쳤다.
민우가,﹀ 웃으면서 들어오는 나를 맞았다.	민우가 웃으면서,﹀ 들어오는 나를 맞았다.
피자헛,﹀ 먹었습니다.	피자,﹀ 헛 먹었습니다.
아줌마,﹀ 파마 되요?	아줌마 파마,﹀ 되요?

기내방송의 내용을 정확하게 전달하기 위해서 반드시 띄어 읽기를 해야 한다. 그러기 위해서 먼저 방송문에 띄어 읽기를 표시한다. 이는 방송하는 사람의 효율적인 방송과 손님들에게 내용을 효과적으로 전달하기 위함이다.

■ 주어와 술어 사이를 띄고, 의미의 명료성을 살리기 위해 띄어 읽는다.

예

· 저희 비행기는﹀ 곧 이륙하겠습니다.
· 아버지가﹀ 방에 들어가십니다.
· 모든 분께서는﹀ 입국신고서를 쓰시고﹀ 직접 서명해 주시기 바랍니다.

■ 연(年), 월(月), 시(時), 분(分) 뒤에 띄고, 장소 뒤에 띄어 읽는다.

예

· 로스앤젤레스의 현지 시간은﹀ 8월 1일﹀ 오전 9시 55분입니다.

■ 나열식 문장에서 띄어 읽는다.

예

· 가지고 계신 모든 짐은 엑스레이 검색을 받게 되며,﹀ 기입한 내용이 다를 경우﹀ 즉석에서 벌금을 내거나﹀ 법적으로 조치를 받게 됩니다.

■ 한 문장을 너무 자주 끊어 읽으면 문장의 흐름이 끊어져 자연스럽지 않게 되므로, 문장 내용을 잘 파악하여 의미의 전달이 잘되도록 적당하게 끊어 읽는다.

05 적절한 속도(Formal Tempo)

기내방송은 내용이 정확하게 전달될 수 있도록 적당한 속도를 유지하며 방송하는 것이 중요하다. 말하는 속도는 의미 전달력과 상관관계가 매우 높다. 말을 빨리 하게 되면 각 단어의 음절을 정확하게 발음하기가 어렵기 때문에 의미와 내용의 전달이 잘되지 않으며, 무성의하게 느껴지고 경박스럽게 들리므로 주의해야 한다. 특히 긴장하면 약간씩 말이 빨라지는 것이 보통이므로, 평소에도 말을 빠르게 하는 습관이 있는 사람은 한 음절씩 또박또박 신경 쓰며 여유를 가지고 천천히 발음하는 연습을 해야 한다(예: 스타카토로 자모음표 읽기).

기내방송의 경우도 마찬가지이다. 기내방송의 속도가 빠르면 방송의 내용전달이 잘되지 않을 뿐만 아니라 부정확한 발음으로 말을 더듬거나 버벅거리는 실수를 하기 쉬우므로, 방송을 하기 전에 충분히 호흡을 가다듬은 후에 여유 있는 마음으로 방송할 수 있도록 한다. 반면에 방송의 속도가 느린 경우엔 오히려 지루하게 들릴 수 있으므로 방송의 전달력을 높이기 위해 말하는 속도를 적당히 유지하도록 다음과 같은 점에 주의하여 연습한다.

- 문장의 시작이나 끝부분이 빨라지지 않도록 전체적으로 일정한 속도를 유지한다.
- 방송문의 마지막 문장은 안정적으로 끝맺는 느낌을 줄 수 있도록 약간 천천히 방송하고 끝을 흐리지 않도록 한다.
- 방송문의 의미를 충분히 파악하여 내용전달이 잘되도록 적절히 끊어 읽기를 한다. 한 문장 안에서 끊어 읽을 때는 pause를 짧게, 한 박자 정도 쉬어 내용의 흐름이 끊어지지 않도록 한다.
- 마침표에서는 충분한 pause를 둔다. 마침표에서는 두 박자 정도 쉬고 문장을 끝맺거나 다음 문장으로 넘어간다.
- 호흡할 때는 숨소리가 새어 나가지 않도록 주의한다.

06 목소리의 크기(Volume)

기내방송을 함에 있어 볼륨은 중요하다. 소리가 작으면 주의집중이 되지 않고, 반면에 소리가 크면 오히려 소음처럼 들리기 때문이다. 따라서 방송의 내용을 승객의 좌석에서 알맞은 크기의 소리로 잘 들릴 수 있도록 방송해야 한다.

평상시에 대화할 때는 장소의 크기와 상태에 따라 목소리의 크기를 달리할 수 있다. 그러나 기내방송을 할 때는 육성이 아닌 PA(Public Address)를 사용하여 방송하게 되므로 PA의 상태를 미리 점검하여 소리가 크거나 작게 들리지 않도록 조절해야 한다.

07 표정과 감정

기내방송은 목소리로만 내용이 전달되는 것이 아니라 표정과 감정도 목소리를 통해 전달된다. 따라서 방송하는 사람의 표정과 감정은 방송의 내용을 전달하는 중요한 도구가 된다. 그러므로 항상 밝은 표정으로 손님을 위한 방송이 되도록 즐거운 마음으로 성의 있게 방송한다.

- 표정과 감정은 목소리를 통해 전달되므로 표정이 밝으면 저절로 목소리도 밝고 상냥해진다. 무뚝뚝하거나 우울한 표정으로는 밝고 정성스러운 목소리를 낼 수 없다는 것을 기억하고 항상 밝은 표정으로 방송한다.
- 각 방송문의 내용에 따라 감정의 변화를 주고, 목소리에 마음을 담아 정성스러운 느낌이 전달되도록 방송한다.

예

· WELCOME → '솔' 톤으로 밝고 환영하는 느낌으로
· FAREWELL → '미~파 톤으로 아쉬움과 감사의 마음이 전해지도록
· 비정상 상황의 방송 또는 사과방송 → '미' 톤으로 차분하게

학습활동

❖ 뉴스 읽어보기

다음은 뉴스원고의 사례이다. 지금까지 공부한 음성과 음색, 장·단음, 이중모음, 억양, 그리고 띄어 읽기와 pause 등에 유의하여 연습해보도록 하자.

■ 뉴스원고 1

새해 첫날의 일출을 바다에서 보는 것은 어떨까요?
동해안에서는 정동진과 호미곶, 해운대가, 남해에선 한려해상 초양도가 일출명소입니다.
수도권에 살면서 멀리 가기 어려운 분들은 북한산 구름 전망대도 좋습니다.
독도를 제외하고 새해 첫날을 가장 먼저 맞이할 수 있는 곳은 바로 울산 간절곶입니다.
장엄한 일출을 보면서 1년을 다짐하고 미래를 계획하시기 바랍니다.

출처: http://media.daum.net/culture/others/newsview?newsid=20151231140338385 뉴스기사 재구성

풀이

새해 첫날의 [천날에] 일출을∨ 바다에서 보는 것은 [건] 어떨까요?/

동해안에서는 [에선]∨ 정동진과 호미곶, 해운대가,/ 남해에서는 [에선]∨ 한려해:상 초양도가 일출명소입니다.//

수도권 [수도꿘]에 살:면서 멀:리 가기 어려운 분들은∨ 북한산 [부칸산] 구름 전:망대도 좋:습니다./

독도를 제외 [제웨]하고 새해 첫날 [천날]을 가장 먼저 맞이할 수 있는 곳은∨ 바로 울산 간절곶입니다.// 장엄한 일출을 보면서∨ 1년을 다짐하고 미래를 계:획하시기 바랍니다.//

■ 뉴스원고 2

전국에 촉촉한 봄비가 내리고 있습니다.

오늘 오후 늦게나 밤쯤에 비는 그치겠고, 주말인 내일은 비 소식 없이 구름만 끼는 날씨가 예상되는데요. 다만 비가 그치고 나면 내일까지 약하게 황사현상이 나타날 가능성이 있어서 건강관리에 신경 쓰셔야겠습니다.

아침 기온은 서울이 10도 등 전국이 6도에서 12도의 분포로 오늘보다 조금 높겠고, 낮 기온은 서울 18도, 남부지방은 20도 안팎까지 올라서 한낮에는 다소 포근한 봄 날씨를 회복하겠습니다.

풀이

전국에 촉촉한 봄비가 내리고 있습니다./
[봄삐]

오늘 오:후 늦게나 밤쯤에 비는 그치겠고,﹀ 주말인 내일은 비 소식 없:이 구름만
[업:씨]

끼는 날씨가 예:상 되는데요./

다만 비가 그치고 나면﹀ 내일까지 약하게 황사현:상이 나타날 가:능성이 있어서﹀
[이중모음 주의] [가:능썽]

건:강관리에 신경 쓰셔야겠습니다.//
[괄리]

아침기온은 서울이 10도: 등﹀ 전국이 6도:에서 12도:의 분포로 오늘보다 조금
[십또:] [육또:]

높겠고,/ 낮 기온은 서울 18도:,﹀ 남부지방은 20도: 안팎까지 올라서 한낮에
[한낟]

는 다소 포근한 봄 날씨를 회복하겠습니다.//
[훼보카게씀니다]

■ 뉴스원고 3

에미레이트항공이 어린이 탑승객을 위한 새로운 기내선물 패키지인 '동물친구들과 함께 하는 비행'이라는 시리즈와 기내식을 출시했습니다.

새롭게 선보이는 이번 패키지는 높은 인기를 구가하고 있는 기존 유아용 선물인 '플라이 위드 미 몬스터' 시리즈의 후속편이라고 합니다.

이번 신규 패키지는 에미레이트항공의 전 세계 80개국 150개 취항지 중 각 지역을 대표하는 동물을 주인공으로 삼아, 아프리카에서 온 루이스, 중국에서 온 판다 피크유, 남미에서 온 원숭이 엔리코, 중동에서 온 낙타 레일라 등 총 4가지 동물 캐릭터가 등장합니다.

출처: http://www.breaknews.com/sub_read.html?uid=420656 뉴스기사 재구성

풀이

에미레이트항:공이﹀ 어린이 탑승객을 위한 새로운 기내선:물 패키지인﹀
[탑씅객] [섬물(x)]

'동:물친구들과 함께 하는 비행'이라는 시리즈와 기내식을 출시했습니다.//

새롭게 선:보이는 이번 패키지는﹀ 높은 인기를 구가하고 있는 기존 유아용
[인끼]

선:물인 ﹀ '플라이 위드 미 몬스터' 시리즈의 후:속편이라고 합니다.//

이번 신규 패키지는﹀ 에미레이트항:공의 전 세계 80개국 150개 취항지 중﹀ 각 지역을 대:표하는 동:물을 주인공으로 삼:아,/ 아프리카에서 온 루이스,﹀ 중국에서 온 판다 피크유,﹀ 남미에서 온 원숭이 엔리코,﹀ 중동에서 온 낙타 레일라 등 ﹀ 총: 4가지 동:물 캐릭터가 등장합니다.//

■ 뉴스원고 4

유럽의 항공기 제조업체인 에어버스가 새 수송기 '벨루가(Beluga)XL'를 선보였습니다.

기존 '벨루가 시리즈'로 운용되는 5대 수송기와 마찬가지로 돌고래를 본뜬 동체 디자인이지만, 머리 쪽에 눈과 입까지 그려 넣어 '웃는 고래'로 잘 알려진 벨루가의 형상을 표현했습니다. 비행기 동체에 눈과 입을 그린 것은 에어버스 직원들의 아이디어였다고 하는데, 이 회사 2만 명의 직원에게 새 벨루가의 디자인 후보 6개를 놓고 투표한 결과, 40%가 '웃는 고래'를 택했다고 합니다.

벨루가는 비행기의 부품을 실어 나르는 특수 수송기입니다.

유럽 각지에서 만들어진 동체, 날개, 꼬리 등 비행기의 구성 요소들을 적재해서 에어버스의 최종 조립공장으로 운송하게 됩니다.

벨루가XL은 지상실험을 거쳐 올해 말부터 비행에 나설 예정이라고 합니다.

출처: http://news.airportal.go.kr:8000/response/jsp/newsletter/newsletterView.jsp?news_seq=54922&publish_seq=4232 뉴스기사 재구성

풀이

유럽의 항:공기 제:조업체인 에어버스가﹀ 새 수송기 '벨루가 (Beluga) XL'을 선보였습니다.//

기존 '벨루가 시리즈'로 운:용되는 5대 수송기와 마찬가지로 돌고래를 본뜬 동체
[우:뇽]

디자인이지만,/ 머리 쪽에 눈과 입까지 그:려 넣:어 '웃:는 고래'로 잘 알:려진 벨루가의 형상을 표현했습니다.//

비행기 동체에 눈과 입을 그:린 것은 에어버스 직원들의 아이디어였다고 하는데,/ 이 회:사 2만 명의 직원에게 새 벨루가의 디자인 후보 6개를 놓고 투표한 결과,﹀
[이:] [여섣] [노코]

40%가 '웃는 고래'를 택했다고 합니다.//
[사:십]

벨루가는 비행기의 부품을 실어 나르는 특수 수송기입니다./

유럽 각지에서 만들어진 동체, 날개, 꼬리 등:﹀ 비행기의 구성 요소들을 <u>적재</u>
[적째]

해서 에어버스의 최:종 조립공장으로 운:송하게 됩니다.//

벨루가 XL은 지상실험을 거쳐﹀ 올해 말부터 비행에 나설 예:정이라고 합니다. //

미리 해보는 세계여행 ⑤

: 일본편 

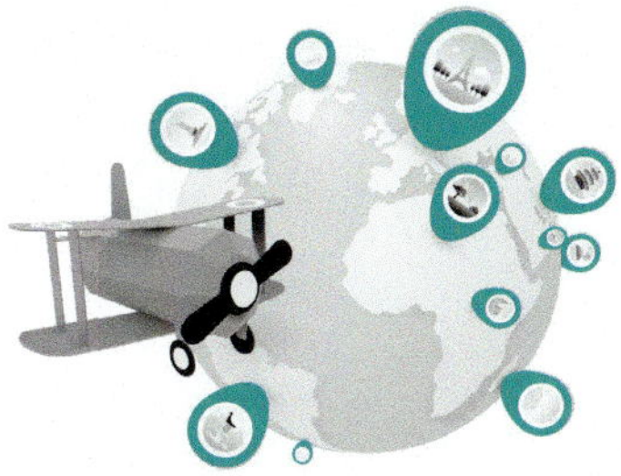

삿포로 여행

- ✔ 삿포로는 홋카이도 서부에 위치하는 북해도 최대의 도시
- ✔ 홋카이도청 구 본청사: 메이지의 분위기가 남아 있는 붉은 벽돌로 된 건축물로 삿포로의 대표적인 기념사진 장소로 인기가 높은 유명 관광지
- ✔ 오도리 공원: 삿포로 도심 한가운데에 길게 펼쳐진 수많은 오브제와 분수, 아름다운 화단이 설치된 도시의 오아시스이며 현대적인 도시 삿포로를 보여주는 공원
- ✔ 아사히 맥주공장: 일본 유일의 맥주박물관으로 견학과 시음이 가능

홋카이도청 구 본청사

오도리 공원

PART 04

영어방송 준비

In-Flight
Announcement

CHAPTER

06 영어방송의 방법

학습목표

영어 기내방송을 잘하기 위한 음성, 발음, 억양과 악센트, 연음 및 축약 등을 파악할 수 있다.

01 Tone of voice(음성)

모든 방송에 적합한 목소리는 밝고 건강한 목소리이다. 특히, 외국어로 방송할 때의 목소리는 그 나라 말에 적합한 자연스러운 목소리여야 한다. 보통 영어방송을 제외한 외국어 방송은 현지 외국인 승무원이 하거나 Pre-recorded announcement를 사용하게 되며, 방송을 실시하는 한국인 승무원은 영어방송을 위주로 외국어 방송을 하게 된다. 영어방송은 영어를 모국어로 하는 외국인을 대상으로 실시하는 것으로 외국인이 이해하기 쉬운 Tone으로 방송해야 한다. 영어방송의 경우는 일반적으로 우리말보다는 약간 높은 Tone으로 하는 것이 적절하다.

02 Pronunciation(발음)

정확한 발음을 구사하기 위해서는 단어 하나하나의 소리를 바르게 내야 한다. 특히 우리말에는 없어 한국인으로서 구별하여 발음하기 어려운 [l], [r], [p], [f], [b], [v] 등의 발음을 한국어처럼 발음하지 않도록 주의하여 발음연습을 해야 한다. 그러기 위해서는 한국어를 발음할 때 보다 입 모양을 더 크게 벌려 바르게 하도록 한다. 머릿속으로만 알고 있는 것은 발음공부에서는 아무 의미가 없다는 것을 명심, 또 명심하여 소리내어 연습하도록 하자. 그리고 영어에는 각 단어에 Accent가 있으므로 강세를 지켜 정확한 발음을 구사하도록 연습한다.

2.1 r and l

'r / l' 발음은 우리나라 사람이 잘 알면서도 헷갈리게 발음하여 의사소통에 어려움을 겪는 발음이다. 'r'과 'l'의 발음의 차이는 의외로 간단하다. 혀가 입천장에 닿느냐 안 닿느냐의 여부이다.

[r] 발음

✔ 우리말의 [뤄]를 발음할 때처럼 먼저 혀끝을 들어 올려 혀가 입천장을 비롯해 입안 어디에도 닿지 않도록 입안 뒤쪽으로 구부려 말듯이 발음한다. [r] 다음에 모음이 이어지는 경우에는 입을 둥글게 해서 발음한다.

✔ careful이나 water처럼 [r]이 단어 중간이나 끝에 오는 경우에는 혀끝을 조금만 말아도 되지만, red처럼 [r]이 단어 첫소리로 오는 경우에는 혀끝을 입 안 중간까지 말아야 한다. 이때 혀끝이 입 안 어디에도 닿지 않아야 한다.

■ 단어발음연습-[r]

are, careful, reward, relation, rain, learning, there, father, receipt, shortly, upright, refrain, during, cooperation, remain, recheck, year, for, member, after, entire, air, crew, pleasure, aircraft, turbulence, service, more, other

■ TONGUE TWISTERS-[r]

· Are you ready?
· Mr. Baker, how are you?
· Read the report for Saturday.
· Roland rode in a Rolls-Royce.
· We were there four hours.
· You're neither right nor wrong.
· Former President Reagan is still very popular with conservatives.

[l] 발음

✔ 입을 조금 벌리고 우리말의 [ㄹ]을 발음할 때보다 혀끝을 앞니 쪽으로 당겨, 윗잇몸에 붙여 소리를 낸다.

✔ [l] 뒤에 모음이 계속될 때에는 모음 발음과 동시에 혀끝을 잇몸에서 가볍게 떼면서 발음한다.

■ 단어발음연습-[l]

late, film, relation, letter, language, nail, ill, military, natural, local, love, ladies, airline, flight, please, allowed, landing, pleasant, deplane, building, terminal, international, comfortable, available, completely, sales, turbulence

■ TONGUE TWISTERS-[l]

· Ms. Angel speaks English fluently.

· I was at the law library late.

· Look at this electricity bill?

· Can you change a dollar bill?

· What a beautiful flower!

· He feels his heel heal.

· I'd like some yellow apple, please.

Exercise [l] & [r]

[l]	[r]	[l]	[r]
lead [líːd]	read [ríːd]	glass [glǽs]	grass [grǽs]
led [léd]	red [réd]	play [pléi]	pray [préi]
light [làit]	right [ràit]	flute [flúːt]	fruit [frúːt]
long [lɔ́ːŋ]	wrong [rɔ́ːŋ]		

■ Exercise [l] & [r]

· The report is preceded by a brief outline.

· The explosion destroyed half of the factory.

· There's a special rate for round-trip ticket.

· It's common word in our vocabulary book.

· Thank you for the flowers.

· What's the problem?

· I'm glad to hear it. Congratulations!

2.2 f and p

영어를 공부하는 많은 사람들이 [f]와 [p] 발음이 다르다는 것을 알면서도 실제로 발음할 때는 이 두 발음을 뒤섞어 발음하여 영어 발음에 자신감을 잃게 되는 원인이 되기도 한다. 두 발음의 차이점을 잘 파악하여 헷갈리지 않도록 연습해보자.

[f] 발음

- ✔ [f]는 윗니로 아랫입술을 가볍게 물고 그 좁은 틈으로 공기(바람)를 내보낸다.
- ✔ [f]는 발음할 때 성대가 울리지 않는 무성음이다.
- ✔ 절대로 입속으로 우리말 [프] 소리를 내지 않는다.
- ✔ 바람 소리처럼 들리는 [f] 발음이 다음에 오는 소리와 합쳐지면 비로소 [f] 발음이 된다.

■ 단어발음연습–[f]

face, **f**amily, **f**at, **f**eeling, **f**ather, **f**eather, **f**emale, **f**lower, **f**ield, **f**ire, **f**ight, a**f**ternoon, sea**f**ood, **f**avorite, co**ff**ee, boy**f**riend, o**ff**ice, **f**ree, le**f**t, **f**light, com**f**ortable, take-o**ff**, **f**astened, sa**f**ety, aircra**f**t, **ph**one, re**f**rain, behal**f**, **f**ront, care**f**ul, **f**all out, bound **f**or, a**f**ter, in**f**ormation, **f**urther, duty-**f**ree, **f**ruit

■ TONGUE TWISTERS–[f]

· **F**lies **f**ly but **f**ly **f**lies.
· **F**our **f**ree-**f**low pipes **f**low **f**reely.
· **F**resh **F**rench **f**ries.
· **F**rank's peers who **f**ear pranks.

· Frog feet, flippers, swim fins.
· Flee from fog to fight flu fast.
· Four furious friends fought for the phone.

[p] 발음

✔ [p]는 우리말의 'ㅍ'을 세게 발음할 때 나는 발음으로, 무성음이다.
✔ [p]는 위아래 입술을 꼭 다물었다가 입술을 열면서 숨을 내보낼 때 숨과 입술이 마찰하면서 소리가 난다.

■ 단어발음연습-[p]

party, paper, parent, person, piano, pickle, president, expensive, apartment, apple, happened, spring, past, grape, power, pretty, purple, picture, lapped, please, position, prohibited, appreciated, cooperation, passenger, pocket, stop, possible, deplaning, inspection, preparing, passing, suspending, provide

■ TONGUE TWISTERS-[p]

· Please pay promptly.
· Purple pelicans pooped.
· Paul, please pause for proper applause.
· Pretty Peggy plants pumpkins in a patch.
· Picky People pick Peter Pan peanut butter.
· Pirate's private property.
· Peter Piper picked a peck of pickled peppers.

Exercise [f] & [p]-1

Beginning sound		Beginning sound	
[f]	[p]	[f]	[p]
fat	pat	chief	cheap
fail	pail	cliff	clip
fine	pine	laugh	lap
file	pile	leaf	leap
foot	put	wife	wipe
face	pace		

■ Exercise [f] & [p]-2

· What I need is a **p**an, not a **f**an.

· My wi**f**e has a great **p**assion **f**or **f**ashion design.

· Have you seen a **p**ig eating a **f**ig?

· **F**our **p**ale blue boxes will **f**ail the color ins**p**ection.

· It'll be **f**air i**f** you both have a **p**air o**f** sli**pp**ers.

· My teacher will **p**raise this well-written **ph**rase.

· Use kni**f**e and **f**ork when eating **p**ork.

2.3 b and v

[p]에 진동을 더하면 [b]이고, [f]에 진동을 더하면 [v]이다. 다시 말하면 [f/p]는 발음할 때 성대가 울리지 않는 무성음(an unvoiced sound)이고, 반대로 [b/v]는 발음할 때 성대가 울리는 유성음(a voiced sound)이다.

[b] 발음

✔ [b] 음은 기본적으로 [p]와 같은 입 모양으로 발음하면 되나 성대를 진동시키는 유성음이며, [b]는 [p]만큼 파열하지는 않는다.

✔ 양 입술을 다물어 입속의 공기를 약간 모았다가 가볍게 터뜨린다. 일부러 우리말의 [브] 소리를 내지 않도록 주의한다.

■ 단어발음연습–[b]

ba**b**y, **b**irthday, **b**read, **b**eautiful, **b**reakfast, **b**rother, **b**argain, **b**usiness, **b**ase**b**all, **b**elongings, **b**est, **b**oard, **b**ehalf, a**b**oard, **b**ound, seat **b**elt, overhead **b**ins, **b**aggage, **b**ack, **b**rochure, **b**lanket, **b**everage, tur**b**ulence, prohi**b**ited, o**b**tain

■ TONGUE TWISTERS–[b]

· **B**etty **B**otter **b**ought some **b**utter.
· **B**ut she said the **b**utter's **b**itter.
· If I put it my **b**atter, it will make my **b**atter **b**itter.
· **B**ut a **b**it of **b**etter **b**utter will make my **b**atter **b**etter.
· So it was **b**etter **B**etty **B**otter **b**ought a **b**it of **b**etter **b**utter.

[v] 발음

✓ [v] 또한 [f]와 입 모양은 같으나 성대를 울리며 나는 소리로 유성음이다.

✓ [f] 발음 요령에 성대를 울려 진동을 더해 소리를 내면 [v] 발음이 된다.

■ 단어발음연습-[v]

have, reservation, view, very, movie, violin, oven, volcano, vessel, vinegar, lavatories, have, serving, overhead bins, devices, service, remove, beverage, arrival, five, stopover, giveaway, video, available, equivalent, leaving, approve, traveler

■ TONGUE TWISTERS-[v]

· Very well, very well, very well.
· Vegetables, Vanilla, and vinegar.
· Vicky vacuumed with vim and vigor.
· Vera has vegetables, a vase, a vacuum, and a van.
· Von's velvet gloves vanished.
· Vincent loves Vivian's vibrant and wavy hair.
· Valuables valley villas.

Exercise [v] & [b]-1

Beginning sound		Final sound	
[v]	[b]	[v]	[b]
vase	base	rove	robe
van	ban	curve	curb
vet	bet	saver	saber
very	berry		
vat	bat		
vest	best		
vote	boat		

■ Exercise [v] & [b]-2

· The Great Athlete

· Tom: Do you like to play volleyball?

· John: Not very much.

· Tom: But it's fun.

· John: I can't serve the ball.

· Tom: Maybe you just need practice.

· John: But I can't get the ball over the net.

· Tom: Never?

· John: Hardly ever. Besides that, I bump into the other players.

· Tom: Mmmmm. Then maybe you should play bridge.

2.4 [th] 발음

[th] 음은 단어에 따라 [θ]와 [ð]로 두 가지 음으로 소리가 나며, 발음 방법은 같다. 다만 차이가 있다면 [θ]는 무성음이고 [ð]는 유성음이라는 것이다.

th-[θ] 발음

✓ 일명 번데기 발음이라고도 하는 th-[θ] 발음은 [s]로 발음하지 않도록 한다(I think가 I sink로 되지 않도록).

✓ 발음하는 요령은 혀를 앞으로 살짝 내밀고 혀 위에 윗니를 올려두고 길게 바람을 내보낸다. 그러나 입속에서 [쓰] 소리를 내지 않도록 한다.

■ 단어발음연습-th-[θ]

think, thank, Thursday, three, health, something, length, thumb, throat, thank you, throughout, thousand, thunder, thick, thirsty, thin, birthday, throw

■ TONGUE TWISTERS-th-[θ]

· Thank you so much.

· Three free throws.

· They both, though, have thirty-three thick thimbles to throw.

· A thin little boy picked six thick thistle sticks.

· Tom threw Tim three thumbtacks.

· I thought of thinking of thanking you.

· The thief threatened to torch the theme park.

th-[ə] 발음

✓ [ð]음은 [θ] 발음에 성대진동이 더해져 울리는 소리이다.

✓ 발음하는 방법은 혀를 앞으로 살짝 내밀고 혀 위에 윗니를 올려두고 반드시 성대를 울려 길게 바람을 내보낸다.

✓ 그러나 입속에서 [뜨] 소리를 내지 않도록 한다.

■ 단어발음연습-th-[ə]

the, though, those, mother, father, brother, there, other, weather, smooth, breathe, further, they, this, southern, another, these, therefore, together

■ TONGUE TWISTERS-th-[ə]

· They died on the day they married.

· Bath, bathe, breath, breathe.

· Father's job is harder than mother's.

· Not these things here but those things there.

· In this weather, they would rather sunbathe.

Exercise [θ] & [ð]-1

[θ]		[ð]	
think tooth something third birth	thank teeth nothing thirty sixth	this these though other weather	that those although another together

[θ] - 명사	[ð] - 동사, 형용사
bath breath cloth south north	bathe breathe clothe southern northern

Unvoiced TH [θ] / S			
Beginning sound		Final sound	
think	sink	math	mass
thank	sank	faith	face
thick	sick	mouth	mouse
thong	song	tenth	tense
theme	seem	forth	force
thumb	sum	moth	moss

Voiced TH [ð] / Z				Voiced TH [ð] / D			
Beginning sound		Final sound		Beginning sound		Final sound	
		breathe	breeze	then	den	other	udder
then	zen	clothe	close	there	dare	seethe	seed
		bathe	bays	though	dough	worthy	wordy

■ Exercise [θ] & [ð]-2

· a **th**ird of sou**th**ern part
· I **th**ink, **th**erefore I am.
· **th**row **th**eir ball
· **th**eater of the absurd
· any**th**ing fur**th**er
· smoo**th** clo**th**
· rhy**th**mic brea**th**

QUIZ

Say sentence [a] or [b], and answer.

1.	a) What does 'their' mean?	b) What does 'dare' mean?
2.	a) Was it thin?	b) Was it tin?
3.	a) What does 'then' mean?	b) What does 'den' mean?
4.	a) Is it a good theme?	b) Is it a good team?

정답

1. a) Something belongs to them. b) To challenge someone.
2. a) No, it was fat. b) No, it was silver.
3. a) At that time. b) A house for a fox.
4. a) Yes, a fine topic. b) No, they never win.

2.5 ly 앞에 t는 거의 소리가 나지 않게 발음한다.

발음 요령

단어의 ly를 따로 떼서 소리를 내 본다. 그 다음에 ly의 [l] 발음에 유의하여 발음한다. 자연스럽게 [t] 발음이 약해진다(direct**ly** 예: direct + **ly**).

예

- directly, shortly, securely, properly, kindly, temporarily, highly.
- We will be landing shortly.
- We will be taking off immediately.
- Please make sure your seatbelt is securely fastened.

2.6 정관사나 전치사나 등의 단어를 빠트리고 읽지 않도록 주의한다.

예

- a, the, at, in, on, to, with 등.
- a member of SKY TEAM worldwide alliance
- We will be passing through an area of turbulence.
- in the overhead bins or under the seat in front of you.

2.7 약어, 인명, 지명을 발음할 때는 마지막 글자를 강하게 발음한다.

예 KB**S**, MB**C**, SB**S**, CN**N**, JF**K**, Minwoo **Lee**, Paul **Johns**, Mr. **Gregory**, Prof. **Spenser**, President **Bush**, New **York**, Hong **Kong**, Los **Angeles**, Korea **University**, Hyde **Park**

2.8 단어의 끝에 있는 s, d, t 발음이 생략되지 않도록 주의한다. 그러나 너무 강하게 발음하지 않는다.

예 Airlines, at all times, minutes, exits, bound for, fastened, overhead bins, eight, seat pocket, seatbelt is fastened

2.9 모음을 너무 강하게 발음하지 않도록 주의한다.

예 gentlemen, electronic, entire, enjoy 등.

2.10 다음은 방송문 중 틀리기 쉬운 영어단어이다. 발음과 악센트 위치에 유의하여 정확하게 발음할 수 있도록 연습해보자.

단어	발음기호	단어	발음기호
aboard	[əbɔ́ːrd]	position	[pəzíʃən]
Airline	[ɛ́ərláin]	phone	[fóun]
alliance	[əláiəns]	purchase	[pə́ːrtʃəs]
entire	[intáiər, en-]	pocket	[pákit | pɔ́k-]
following	[fálouiŋ | fɔ́l-]	receipt	[risíːt]
please	[plíːz]	seat belt	[síːt bélt]
aircraft	[ɛ́ərkræ̀ft | -krɑ̀ːft]	shade	[ʃéid]
approach	[əpróutʃ]	shortly	[ʃɔ́ːrtli]
appreciate	[əpríːʃièit]	through	[θrúː]

allowed	[əláud]
baggage	[bǽgidʒ]
cooperation	[kouɑ̀pəréiʃən | -ɔ̀p-]
although	[ɔːlðóu]
during	[djúəriŋ | djúər-]
device	[diváis]
fasten	[fǽsn, fɑ́ːsn | fɑ́ːsn]
item	[áitəm]
review	[rivjúː]
instruction	[instrʌ́kʃən]
emergency	[imə́ːrdʒənsi]
pleased	[plíːzd]
guidance	[gáidns]
safety	[séifti]
return	[ritə́ːrn]
much	[mʌ́tʃ]
their	[ðέər]
order	[ɔ́ːrdər]

turbulence	[tə́ːrbjuləns]
upright	[ʌ́práit]
at all times	at‿all times
arrive	[əráiv]
behalf	[bihǽf, -hɑ́ːf]
check-in	[tʃékìn]
flight time	flight time
make sure	make‿sure
check your	check‿your
hope you	hope‿you
problem	[prɑ́bləm | prɔ́b-]
sincere	[sinsíər]
such	[sətʃ, sʌ́tʃ]
take-off	[téikɔ̀ːf | -ɔ̀f]
keep your	keep‿your
should be	[ʃúdbi]
thank you	[θǽŋkjùː]

03 Accent & Intonation(억양과 악센트)

우리말은 보통 같은 속도와 강세로 말하는데 비해, 영어는 강하고 느리게 발음하는 말이 있고 약하고 빠르게 발음하는 말도 있다. 즉, 영어의 각 단어에는 반드시 강하게 발음하는 소리가 있고(Accent), 문장에도 반드시 강하게 발음하는 말이 있다(Intonation). 한국 사람의 영어 습관 중의 하나가 Accent와 Intonation에 무관심하다는 것이다. 실제로 기내방송을 하는 승무원들의 경우에도 영어를 빨리 말하려 하거나, 억양이 세련되지 못하며, 영어 리듬에 무관심한 것을 종종 볼 수 있다. 영어는 고 · 저, 장 · 단, 강 · 약이 매우 중요하다. 왜냐하면, 발음이 정확해도 단어의 강세위치가 틀리거나 문장이 단조로우면 외국인들은 잘 알아듣지 못하기 때문이다.

문장의 의미에 중요한 역할을 하는 말(명사, 동사, 형용사, 부사, 의문사 등)은 강하게 발음하고, 반면에 관사나 전치사 등은 약하게 발음한다.

3.1 Accent

영어는 우리말과 달리 하나의 단어에 강약의 리듬이 발생한다. 이 리듬을 잘 살려서 말해야만 외국인과 원활한 의사소통을 할 수 있다.

- 단어의 몇 번째 음절에 강세가 오는지 accent 위치를 확인하고 반드시 살려서 읽는다.

예 **pro**blem[prάbləm | prɔ́b-], **up**right[ʌ́pràit], **po**cket[pάkit | pɔ́k-], app**roa**ch[əpróutʃ], infor**ma**tion[ìnfərméiʃən], de**par**ture[dipάːrtʃər], po**si**tion[pəzíʃən], re**view**[rivjúː], re**turn**[ritə́ːrn], sin**ce**re[sinsíər], elec**tro**nic[ilektrάnik | -trɔ́n-], coope**ra**tion[kouὰpəréiʃən]

■ 문장에서 중요한 부분에 Accent를 주어 읽는다. 문장에서 강세를 표현하는 방법은 문장의 의미상 중요한 단어나 강조하고자 하는 단어에 힘을 주어 발음하거나, 목소리 Tone을 다르게 하거나(다른 말보다 약간 높은 톤으로), 강조하고자 하는 부분을 천천히 말하거나, 또는 강조하고자 하는 말 앞에서 살짝 Pause를 둔다.

예

· We would like to welcome aboard **** airlines flight 076** bound for **Hong Kong.**

· **Smoking** in the cabin and lavatories **is prohibited at all times** during the flight.

· Please **make sure** that you have **personal belongings** with you when you deplane.

3.2 Intonation

우리말은 글자 하나하나를 또박또박 말하는 경향이 있는데, 영어는 리듬을 살려서 말하도록 한다. 영어에서의 Intonation은 단어마다의 Accent를 기본으로 하지만, 그 단어가 문장 속에서 내용상 중요한 역할(명사, 동사, 형용사, 부사, 의문사)을 하느냐 또는 기능상 중요한 역할(관사, 전치사, 접속사, 대명사)을 하느냐에 따라 단어에 주어지는 강세가 달라진다. 이 때문에 영어는 우리말보다는 다양한 억양의 변화를 갖는다.

■ 문장에 리드미컬한 억양의 변화를 주기 위해서는 문장의 의미상 중요한 단어나 강조하고자 하는 단어에 힘을 주어 발음하거나, 길게 발음하여 Accent를 주면 자연스러운 리듬이 생겨난다.

예

· We have just **lan**ded at **Seoul Gimpo International airport**.

· On behalf of A**si**ana **Air**lines, we would like to **than**k you for al**lo**wing us to **ser**ve you to**day** and we hope to see you **soon**.

■ 정중한 질문일수록 말끝을 올리지 않는다.

영어에서는 정중하게 물어보거나 상대방의 의사를 조심스럽게 물어볼 때 말끝을 올리지 않고 대신 길게 발음한다.

예

· Would you mind saying that again? ~~~

· Would you like a cup of coffee? ~~~

· Do you mind if I open the window? ~~~

■ 시간이나 때, 날짜가 문장의 끝에 올 때는 반드시 강세를 둔다.

예

· I have work in the **evening**.

· See you **tomorrow morning**.

· Will you be available at **three o'clock**?

■ Please 다음에 오는 단어(동사)에는 강세를 준다.

예

· Please **help** me.

· Please **call** me back as soon as possible.

· Please **fasten** your seat belt.

04 Pausing(띄어 읽기)

영어에서는 문장의 의미상 연결이 될 수 있도록 적당한 곳에서 pause를 두어 끊어 읽어야 한다. 'What is it?'과 같이 문장이 짧을 때는 띄어 읽지 않고 한 번에 말하지만, 문장이 긴 경우에는 적당한 곳에서 끊어 읽지 않으면 상대방에게 의미를 잘 전달할 수 없다. 중요한 것은 문장의 어느 곳에서 끊어 읽는가 하는 것이다.

■ 주어가 긴 경우 주어 다음, 접속사나 관계사 앞, 그리고 쉼표 다음에는 pause를 두어 읽는다.

예

· At this time,/ we request﹀ that you return your seat﹀ and fasten your seatbelt.//

· When you pick up your baggage,/ please check﹀ that your baggage tag number﹀ and claim tag number﹀ match correctly.//

■ 한 문장이 끝나는 마침표 부분에서는 충분히 숨을 쉬어 서두르는 듯이 말이 빨라지지 않도록 주의한다.

예

· Ladies and gentlemen,/

· You may now deplane through the front door.//

Please check you have left no items in the seat pocket﹀ or under the seat.//

Thank you﹀ and good-bye.//

05 Sound-linking(연음)

연음(linking)이란 단어들을 서로 연결해서 발음하는 것으로 영어다운 영어를 하기 위해서 단어들을 자연스럽게 연결하여 발음하도록 연습한다.

5.1 모음의 연음

시작되는 단어 앞에 자음이 있으면 이 자음의 발음이 옮겨간다. 이 경우 단어(자음+모음)들을 연결하여 부드럽게 발음하면 되는데, 연음이 되는 두 단어를 마치 한 단어처럼 읽는다.

예 take‿off　switched‿on　switched‿off　in front‿of
that‿your　turned‿off　contact‿your　provide‿you
seat belt‿is　fill‿out

예

· Books‿are a wonderful way to pass the time.
· Tell‿us when you open‿up the shop.
· We have to leave within‿an‿hour.

5.2 동일 자음의 연음

같은 자음이 연속될 때 한쪽 자음은 탈락된다. 예를 들면, 첫 번째 단어의 끝 자음과 두 번째 단어 첫 자음이 같은 경우에 두 번째 단어의 시작 자음을 따른다.

예 get‿together, at‿two, next‿time, last‿Tuesday, top‿people
bus‿stop, I guess‿some…, his‿son, twenty‿yen, gas‿station
every‿year, black‿coat, This‿sound‿is difficult

예

· You always‿seem to eat‿too slowly.

· We have to take right‿turn in order to get‿to his house.

· Please stop‿picking on him.

06 Contraction(축약)

한국어, 영어방송 모두 문어체적인 표현보다는 구어체적인 표현으로 해야 자연스럽다. 일반적으로 구어적인 표현은 간단하게 줄여서(축약) 발음하는 것이다.

예

원형	축약형	원형	축약형
I am	I'm	I will	I'll
that is	that's	we will	we'll
there is	there's	I have	I've
I would	I'd	we have	we've
can not	can't	is not	isn't

예

· We would like to~ → We'd like to~

· We will be landing~ → We'll be landing~

· We are now~ → We're now~

· We have just landed at~ → We've just landed at~

또한, 가장 많이 축약되는 단어 중의 하나가 'and' 인데 '**ə + n**'으로 발음한다.

예 다음을 읽어보자.

· Ladies and gentlemen → Ladies an' gentlemen

· cream and sugar → cream an' sugar

· boys and girls → boys an' girls

· knives and forks → knives an' forks

· rock and roll → rock an' roll

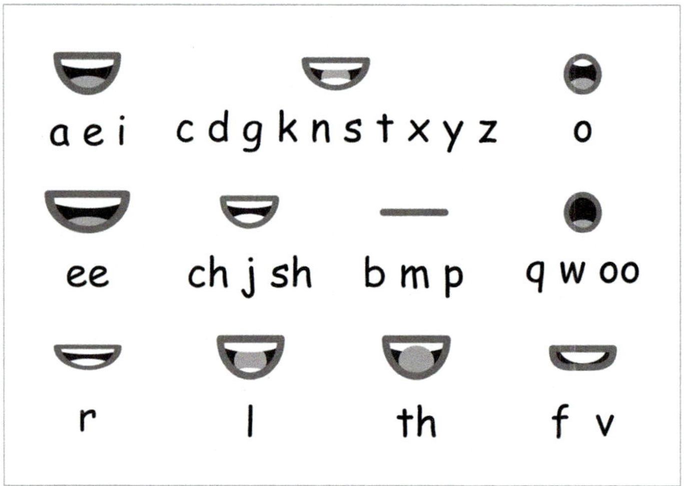

학습활동

❖ 영어 뉴스 읽어보기

지금까지 공부한 발음, Accent, Intonation, Pause 등에 유의하여 연습해보자.

Asiana adopts smart work platform for cabin crew

South Korea's full-service carrier Asiana Airlines said Monday that it has adopted a smart work platform called A-tab for its cabin crew to increase their work efficiency and convenience.

The system, which works on a tablet PC, allows crew members to easily and conveniently check their work schedule, information on flights, work manual and also hand in work-related reports, the air carrier said.

Some 4,000 cabin crew members will be given tablet PCs equipped with the system by the weekend.

"Instead of having to carry around stacks of paper documents, the introduction of A-tab will help the cabin crew to pack light and also increase the work efficiency," an Asiana Airlines crew member said.

[코리아헤럴드, 2019년 7월 15일자 기사 재구성]

풀이

South Korea's full-service carrier Asiana Airlines said Monday∨ that it has
[kǽriər]

adopted a smart work platform called A-tab∨ for its cabin crew to increase
[ədάptid] [plǽtfɔːrm]

their work efficiency∨ and convenience./
[ðər; ðέər] [ifíʃənsi] [kənvíːnjəns]

The system,∨ which works on a tablet PC,∨ allows crew members to easily
[tǽblit] [əláu]

and conveniently check their work schedule,∨ information on flights,∨
[kənvíːnjəntli] [ìnfərméiʃən]

work manual∨ and also hand‿in work-related reports,∨ the air carrier said.
[mǽnjuəl] [riléitid]

Some 4,000 cabin crew members∨ will be given tablet PCs equipped with
[ikwi'pt]

the system by the weekend./
[sístəm]

"Instead of having to carry around stacks of paper documents,∨ the
[stæks] [da'kjəmənts]

introduction of A-tab will help the cabin crew to pack light∨ and also
[intrədʌkʃən]

increase the work efficiency,"∨ an Asiana Airlines crew member said.//
[inkríːs] [ifíʃənsi]

More pets travel in, out of Korea

With the idea of traveling with pets is becoming the norm, travel-related industries are welcoming pet owners and their pets by launching related services.

The number of service animals on flights has been increasing significantly in recent years.

According to the Ministry of Land and Transportation, in 2017, 41,343 pets were carried on planes, marking a 46.7 percent increase from 28,182 of 2015. Compared with 33,437 of 2016, it is a 23.6 percent increase.

Reflecting the trend, more air carriers are targeting pet owners. Jeju Air joined hands with a pet hotel near the Incheon International Airport, providing accommodation services at a lower price.

Korean Air offers its SkyPets service for customers who wish to board flights with their pets. Customers with pets earn stamps and depending on the number of collected stamps, they can receive various benefits, including discounts and free giveaways.

[코리아헤럴드, 2019년 3월 1일자 기사 재구성]

풀이

With the idea of traveling with pets is becoming the norm,﹀
[trǽvəliŋ] [nɔːrm]

travel-related industries are welcoming pet owners﹀ and their pets by
[riléitid] [índəstri] [ðər; ðέər]

launching related services./
[lɔ'ntʃiŋ]

The number of service animals‿on flights﹀ has been increasing significantly
[ǽnəməl] [flait] [signífikəntli]

in recent years./
[ríːsnt]

According to the Ministry of Land and Transportation,﹀ in 2017,﹀ increase
[əkɔ́ːrdiŋ] [mínəstri] [trænspərtéiʃən]

41,343 pets were carried‿on planes,﹀ marking a 46.7 percent from 28,182
[kǽrid] [mάːrkiŋ]

of 2015./ Compared with 33,437 of 2016,﹀ it is a 23.6 percent increase./
[kəmpέərd]

Reflecting the trend,﹀ more air carriers are targeting pet owners./
[rifléktiŋ]

Jeju Air joined hands with a pet hotel near the Incheon International Airport,
[dʒɔind] [ìntərnǽʃənəl] [e'rpɔ,rt]

﹀providing accommodation services at a lower price./
[prəváidiŋ] [əkàmədéiʃən] [lóuər]

Korean Air offers its SkyPets service for customers﹀ who wish to board
[kərí:ən] [bɔ:rd]

flights with their pets./ Customers with pets earn stamps﹀ and depending on
[ə:rn] [dipéndiŋ]

the number of collected stamps,﹀ they can receive various benefits,﹀
[kəléktid] [risí:v][vέəriəs][bénəfits]

including discounts and free giveaways.//
[inklú:diŋ] [gi'vəwei,z]

Ministry names three new LCC operators

South Korea's Transport Ministry announced that it has designated Fly Gangwon, Aero-K and Air Premia as new low-cost carrier operators after more than three years of hiatus due to overcrowding of the local LCC market.

The ministry said Fly Gangwon, Aero-K and Air Premia have passed the reinforced criteria for LCCs. Under the revision, companies planning to carry out flight operations are required to have at least 30 billion won in capital and five airplanes before they can begin operations as budget carriers.

Fly Gangwon, which has Yangyang Airport-based flight routes, had failed to meet the ministry's requirements twice since 2016.

Aero-K, which has Cheongju Airport-based flight routes, has stressed that its services would make it easier for passengers to travel around the South and North Chungcheong and Gyeonggi provinces.

Meanwhile, Incheon-based Air Premia has touted its differentiated seat options, such as premium economy. Last year, the company scouted former Jeju Air CEO Kim Jong-chul to lead its business.

[코리아헤럴드, 2019년 3월 5일자 기사 재구성]

풀이

South Korea's Transport Ministry announced∨ that it has designated
[sauθ] [trænspɔ́ːrt][mínəstri][ənáunsd] [dézignèitid]

Fly Gangwon,∨ Aero-K∨ and Air Premia as new low-cost carrier
[kǽriər]

operators∨ after more than three years of hiatus due to overcrowding of
[ɑ́pərèitər] [haiéitəs] [ou'vərkrau,diŋ]

the local LCC market./

The ministry said Fly Gangwon,∨ Aero-K∨ and Air Premia have passed the
[pæst]

reinforced criteria for LCCs./ Under the revision,∨ companies planning to carry
[rìːinfɔ́ːrsd][kraiti'riə] [rivíʒən]

out flight operations∨ are required to have at least 30 billion won in capital∨
[ɑ̀pəréiʃənz] [rikwáiərd] [liːst] [kǽpətl]

and five airplanes∨ before they can begin operations as budget carriers./
[bʌdʒit]

Fly Gangwon,∨ which has Yangyang Airport-based flight routes,∨
[beist] [ruːt, raut]

had failed to meet the ministry's requirements twice since 2016./
[feild] [rikwáiərmənt][twais]

Aero-K,∨ which has Cheongju Airport-based flight routes,∨ has stressed
[strest]

hat its services would make it easier for passengers∨ to travel around
[i'ziər] [pǽsəndʒərs]

the South and North Chungcheong∨ and Gyeonggi provinces./ Meanwhile,∨
[sauθ] [nɔːrθ] [prάvins] [míːnwàil]

Incheon-based Air Premia has touted its differentiated seat options,∨
[tautid] [dìfərénʃièitid] [άpʃən]

such as premium economy./ Last year,∨ the company scouted former Jeju Air
[príːmiəm] [skautid][fɔ́ːrmər]

CEO Kim Jong-chul to lead its business.//
[liːd]

AIR PREMIA

Aero K 플라이강원

미리 해보는 세계여행 ⑥

: 일본편 

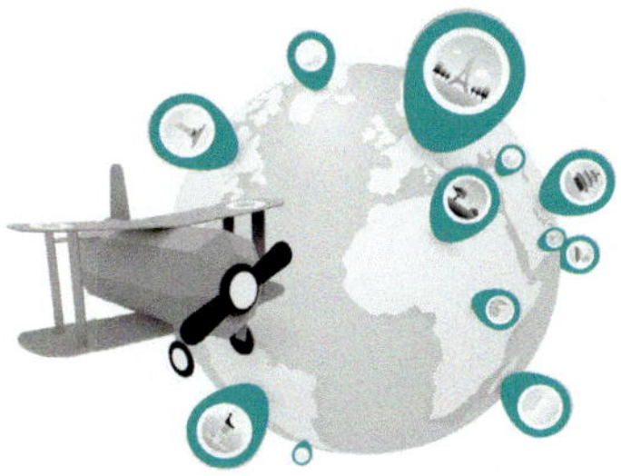

오키나와 여행

- ✔ 일본 큐슈 남서쪽에 위치한 일본 유일의 아열대 지역
- ✔ 류큐 문화를 보고, 체험할 수 있는 류큐마을: 옛 시대로 시간 여행을 한 것 같은 착각에 빠질 정도로 옛 모습을 간직한 테마파크
- ✔ 투명하고 아름다운 오키나와 바닷속을 배를 타고 볼 수 있는 수중 크루즈를 경험할 수 있다.

류큐마을

이시가키 섬

PART 05

기내방송연습 I
– ROUTINE ANNOUNCEMENT

국제선 기내방송 실시 시점(장거리 구간 기준)

시 점	실 시 방 송
GROUND	PA Test
BOARDING	탑승편 안내 & Baggage Securing
DOOR CLOSE	Slide Check
BEFORE TAKE-OFF	Welcome
	승객 브리핑 비디오 상영 (B737: Live Demonstration)
	비상구 착석 손님 협조 요청
TAKE-OFF	Take-off
SEATBELT SIGN OFF	Seatbelt Sign off
IN-FLIGHT SERVICE	Service Plan
	Duty-free Sales
	Wake-up
	Documents
	Headphone Collection
10.000 FT SIGN ON	10.000ft. Sign on
	Transit
LANDING GEAR DOWN	Landing
TAXING	Farewell
	Transit Gate Number
RAMP-IN	수하물 낙하 방지 안내
A/C STOP	Slide Check
DOOR OPEN	Deplane

출처: 아시아나항공 기내방송 procedure

CHAPTER

07 승객탑승부터 이륙 전까지의 방송

학습목표

정상적인 상황에서의 기내방송 중 승객탑승부터 이륙 전까지 이루어지는 탑승편 및 수하물 안내방송, WELCOME 방송, PASSENGER BRIEFING 및 TAKE OFF 방송을 수행할 수 있다.

01 탑승편 안내 & BAGGAGE SECURING(수하물 안내)

- '탑승편 안내 및 Baggage Securing' 방송은 기내에 탑승한 승객을 대상으로 실시하는 첫 방송으로, 목적지, 항공편명, 기내 수하물 보관 방법 및 휴대전화를 비롯한 전자기기 사용에 대한 정보를 제공하는 방송이다.
- 이 방송은 승객들이 기내에 탑승하여 좌석을 찾고 수하물을 정리하는 등 다소 어수선한 상태에서 실시하게 된다. 따라서 이러한 상황을 고려하여 천천히 또렷한 음성으로 명확하고 크게 방송하도록 한다.
- 탑승편 안내 및 Baggage Securing 방송은 객실사무장이 실시한다. 이 방송은 승객들이 탑승하는 Door 쪽에서 승객에게 탑승환영 인사를 하는 중에 객실사무장이 실시하는 방송이므로 방송문을 보면서 하는 것보다는 복도에 서서 승객들을 바라보며 암기하여 방송하는 것이 좋다.
- 이 방송은 승객이 90% 이상 탑승하였을 경우 실시한다.

탑승편 안내 & BAGGAGE SECURING

손님 여러분,

이 비행기는 (목적지) 국제공항까지 가는 00 항공 ___편 (,항공 ___편)입니다.
탑승 편명을 확인해 주시기 바랍니다.
스마트폰 등 전자기기는 비행모드로 전환해 주시고, 스마트폰을 제외한 휴대전화는 출입구가 열려 있거나 착륙 후 승무원의 안내가 있을 경우 사용하실 수 있습니다.
노트북 등 큰 짐은 앞 좌석 밑이나 선반 속에 보관해 주시고, 선반을 여실 때는 먼저 넣은 짐들이 떨어지지 않도록 조심해 주십시오.

감사합니다.

탑승편 안내 & BAGGAGE SECURING

Ladies and gentlemen,

This is 00 air flight ___ bound for ___. Please check your flight number. Electronic devices must be switched to flight mode. The use of cell phone is permitted when the main door open or following the cabin crew's instruction after landing.
Also, please put your carry-on baggage in the overhead bins or under the seat in front of you.
When you open the overhead bins, please be careful as the contents may fall out.

Thank you.

풀이

손님 여러분,﹀

이 비행기는﹀ (___ 를 경유해/) (목적지)국제공항까지 가는﹀
[비행기(0), 비앵기(x)]

00 항:공﹀ _____(편수)편 (,# ****항공 ___편)입니다./

탑승 편명을 확인해 주시기 바랍니다.//
[탑성(x)]

스마트폰 등 전:자기기는﹀ 비행모드로 전:환해 주시고,/ 스마트폰을 제외한 휴대전:화는﹀ 출입구가 열려 있거나 착륙 후 승무원의 안:내가 있을 경우
[출입꾸]

사:용하실 수 있습니다.//

노트북 등 큰 짐은﹀ 앞 좌:석 밑이나 선반 속:에 보:관해 주시고,/ 선반을 여실 때는﹀ 먼저 넣은 짐들이 떨어지지 않도록 조:심해 주십시오.//

감:사합니다.//

(﹀) - 순간 띄기, (/) - 보통 띄기, (//) -긴 띄기

방송 시 유의사항

1. 공동운항일 경우, 해당 항공사 이름과 편명을 넣어 방송한다.

예 드림항공 380편, 아메리칸항공 747편

2. Flight Number(편명) 읽는 법

■ 한국어

- 편명의 숫자를 하나씩 나눠서 읽는다.
- ‘0’은 ‘영’으로 읽지 않고, ‘공’으로 읽는다.

예

· 721편: 칠 이 일 편
· 202편: 이 공 이 편
· 8601편: 팔 육 공 일 편

■ 영어

- 편명의 숫자를 하나씩 나눠서 읽는다.
- ‘0’은 ‘Ou’로 읽으며, ‘Zero’로 읽어도 무방하다.

예

· 742편: Flight Seven Four Two
· 301편: Flight Three Ou One 또는 Flight Three Zero One
· 8702편: Flight Eight Seven Ou Two

풀이

Ládies‿and géntlemen,/
[léidiz n dʒéntlmén]

This is ○○ air﹀ flíght ___(**FLIGHT NO.**)﹀ bound **f**or ___ (**DESTINATION**)./

Pléase check‿your flíght númber./
[tʃékúər, 첵유어(x)]

Electrónic devíces﹀ must be swítched to flíght mode./

The use of cell **ph**one is permítted﹀ when the main door open﹀ or
[ði, (모음 앞)][ph→f로 발음]

following the cabin crew's instrúction after lánding./

Also,﹀ pléase pút your cárry-on bággage in **the** óverhead bins﹀ or
[bǽgidʒ] [ði, (모음 앞)]

under the **sea**t in frónt‿of‿you./
[si：t]

When you open **the** óverhead bins,/ pléase be cáreful﹀ as the cóntents
[ði, (모음 앞)]

may fall‿out.//

Thánk you.//
[θǽŋkúː, 쌩큐(x)]

탑승권(boarding pass)

UNITED FLIGHT D3048 RAP - DEN LAST NAME, FIRST NAME

DEPARTURE GATE
A22

1ST LEG TO SFO I TRANSFER AT DEN

2 207 365 3958 3309 0
00I8A
UNITED AIRLINES INC
PCS. CK WT. UNCK WT. SEQ NO. PCS. CK WT. UNCK WT.
NO SMOKING

BOARDS AT
3:15PM SEPT 01 2010

BOARDING ZONE
2

UNITED BOARDING PASS

UNITED FLIGHT D3048
SEAT NUMBER
23A Coach
LAST NAME, FIRST NAME
RAPID CITY SD TO DENVER CO
RAP TO DEN
DEPARTS
3:40PM
UNITED

출처: http://static1.1.sqspcdn.com/static/f/484957/5254148/1262716844017/20100105 huen4nc52 urkfa3jahu6d1ywe.png?token=Nqtk2GjBHkTCtHzgTnHsel5HGU4%3D

02 WELCOME(탑승환영)

- 'Welcome' 방송은 승객탑승과 항공기 출발 준비가 끝난 후, 항공기 출발을 위해 출입문을 닫고 슬라이드 모드 변경 후에 실시되는 방송이다.
- 이 방송은 기내가 정리된 후 다소 안정적인 분위기에서 승객들의 탑승을 환영하고 감사하는 첫 방송이므로, 회사 및 전 승무원을 대표한다는 마음으로 정중하고 상냥한 어조로 방송을 실시한다.
- 방송의 내용은 인사말로 시작하여 당 항공사(제휴 항공사 포함)의 비행편명, 목적지, 비행시간 등을 비롯하여 안전과 관련된 좌석벨트 착용, 수하물 보관, 금연, 전자기기 사용 등에 관련된 것이다.
- 방송을 통해 환영하는 마음이 느껴지도록 '솔' 톤으로 방송을 하며, 지연출발 등 비정상적인 상황으로 사과방송을 해야 하는 경우는 '미' 톤으로 차분하게 방송을 실시한다.
- 방송은 방송 Duty자가 실시한다.
- Overseas 승무원이 탑승하였을 때는 한국인 방송 Duty자가 한국어 방송과 영어방송을 한 후 Overseas 승무원이 현지어 방송을 실시한다.

WELCOME

손님 여러분, 안녕하십니까.

저희 00 항공은 여러분의 탑승을 진심으로 환영합니다. 이 비행기는 (___를 거쳐) 도시명까지 가는 00 항공 ___편입니다.
목적지인 도시명까지 예정된 비행시간은 이륙 후 ___시간 __분입니다.
오늘 기장 성명 기장을 비롯한 저희 승무원들은 여러분을 정성껏 모시겠습니다.
출발을 위해 좌석벨트를 매주시고 등받이와 테이블은 제자리로 해 주십시오.
그리고 휴대전화 등 전자기기는 무선통신 기능이 꺼진 상태에서 사용하실 수 있으며, 노트북 등 큰 전자기기는 좌석 하단 또는 기내 선반에 보관해 주시기 바랍니다.
비행 중 여러분의 안전을 담당하는 안전요원인 승무원의 지시에 협조해 주시기 바라며, 계속해서 기내 안전에 관해 안내해드리겠습니다. 잠시 화면을 주목해 주시기 바랍니다.

감사합니다.

■ 공동운항편이 있는 경우

- (~이며) 00 항공과 공동운항하고 있습니다.

■ 지연출발 시

- (지연출발 사유) 관계로 출발이 예정보다 늦어 대단히 죄송합니다.
  여러분의 양해를 부탁드립니다.
  예 항공기 연결/ 항공기 점검/ 공항 혼잡/ 공항 출국수속 지연 등

WELCOME

Good morning (afternoon, evening), ladies and gentlemen.

Captain (FAMILY NAME) and the entire crew are pleased welcome aboard 항공사명. This is flight ____ bound for 목적지 (via 〈경유지〉).
Our flight time to 목적지 will be ___hour(s) ___minute(s) after take-off. During the flight, our cabin crew will be happy to serve you in any way we can.
To prepare for departure, please fasten your seatbelt and return your seat and tray table to the upright position. You are allowed to use your electronic devices during the flight as long as they are set to flight mode.
However, larger devices such as laptop computers must be stored under your seat or in the overhead bins during take-off and landing.
Please fully cooperate with cabin crew who act as safety officers during the flight.
And for your safety, please direct your attention for a few minutes to the video screens for safety information.

Thank you.

▪ JOINT OPERATION

- ~welcome aboard 항공사명, code sharing with 항공사명 bound for 목적지.

▪ DELAYED DEPARTURE

- We are sorry for the delay.

풀이

손님 여러분,˅ 안녕하십니까./
저희 00 항:공은 여러분의 탑승을 진심으로 환영합니다.//
[탑씅]

이 비행기는˅ (______를 거쳐) 도시명까지 가는 00 항:공 ___편입니다./

■ 공동운항편이 있는 경우

(~이며) 00 항:공과 공:동 운항하고 있습니다./

■ 지연출발 시

(지연출발 사유) 관계로˅ 출발이 예:정보다 늦어˅ 대:단히 죄송합니다./ 여러분의 양해를 부탁드립니다./

예 항공기 연결/ 항공기 점검/ 공항 혼잡/ 공항 출국수속 지연 등

목적지인 도시명까지 예:정된 비행시간은˅ 이:륙 후 ___시간 __분입니다./
오늘 기장 성명 기장을 비롯한 저희 승무원들은 여러분을 정성껏 모시겠습니다./
[성무원(x)] [정성껃]

출발을 위해˅ 좌:석벨트를 매:주시고˅ 등받이와 테이블은 제자리로 해 주십시오./ 그리고 휴대전:화 등 전:자기기는˅ 무선통신 기능이 꺼진 상태에서 사용하실 수 있으며,/ 노트북 등 큰 전:자기기는 좌:석 하:단˅ 또는 기내 선반에 보:관해 주시기 바랍니다./ 비행 중 여러분의 안전을 담당하는 안전요원인 승무원의 지시에 협조해 주시기 바라며,/ 계속해서 기내 안전에 관해 안:내해드리겠습니다./
[협쪼] [계:, 게:소캐서]

잠:시 화:면을 주:목해 주시기 바랍니다.//
감:사합니다.//

Good mórning(or afternoón/ évening), ˅ ládies‿and géntlemen./
[léidiz n dʒéntlmén]

Captain (FAMILY NAME) ˅ and **the** entíre crew ˅ are pléased
[ði, (모음 앞)]

wélcome abóard 항공사명./
[əbɔ́ːrd, 온볼드(x)]

This is flíght ____ bound‿for 목적지 (via <경유지>)./

■ JOINT OPERATION

~welcome aboard 항공사명, ˅ code sharing with 항공사명 bound for 목적지./

■ DELAYED DEPARTURE

We are sorry for the delay./

[wiər]

Our flíght‿time to 목적지 ˅ will be ___hour(s) ___mínute(s) after táke-off./
[téikɔ̀ːf]

During the flíght, ˅ our cabin crew will be happy to serve‿you ˅ in any way we can./

To prepáre for depárture,/ pléase fásten your seatbelt ˅ and retúrn
[pripέər] [dipάːrtʃər] [fǽsn] [ritə́ːrn]

your seat ﹀and tray table to the upríght posítion.//
[si:t] [ʌpràit][pəzíʃən]

You are allówed‿to use your electrónic devices dúring the flight﹀
[əláud] [ilektránik][diváisis][djúəriŋ]

as long as they are set‿to flight mode./
[moud]

Howéver,/ lárger devíces such as láptop compúters﹀ must be stored under your
[hauévər] [lá:rdʒər] [lǽtàp][kəmpjú:tər]

seat﹀ or in the overhead bins during táke-off and lánding./
[모음 앞. ði:] [téikɔ̀:f]

Pléase fully coopérate with cabin crew﹀ who act‿as sáfety ófficers
[kouápərèit] [ɔ́:fisərz]

during the flíght./

And for your sáfety,/ pléase diréct your atténtion for a few mínutes﹀
[dirékt, dai-] [əténʃən]

to the video scréens for sáfety informátion.//
[vídiòu][skri:nz] [ìnfərméiʃən]

Thánk you.//
[θǽŋkú:, 쌩큐(x)]

03 PASSENGER BRIEFING(승객안전 브리핑)

- 항공기 기종에 따라 SAFETY DEMONSTRATION 안내를 VIDEO로 상영하기도 하고, 승무원이 시연을 보이기도 한다. 최근 항공기의 엔터테인먼트 시스템 개발로 소형 항공기에도 대부분 개인 VOD가 장착되어 승무원이 직접 시연하는 경우는 많지 않으나, 소형 항공기 및 LCC 항공사에서는 승무원이 직접 시연한다. 또한, 시스템 오류를 대비하여 꼭 승무원들은 Live Demonstration을 숙지하여야 한다.
- 이 방송은 승무원이 직접 시연을 보임으로써 비상상황 시의 행동요령을 전파하고, 기내안전장비의 사용 방법에 대해 알리고자 함이 목적이므로 승객들의 이목을 집중시킬 수 있도록 다소 강한 어조로 방송한다.
- Live Demonstration 방송을 할 때는 시연을 하는 승무원들의 동작을 살피며 방송의 속도를 조절하도록 한다.
- 다른 방송은 모두 한국어-영어 순으로 방송하지만, Passenger Briefing은 대부분 한국어 방송 후 영어방송은 간단히 설명한다.
- 방송은 방송 Duty 담당 승무원이 실시한다.
- Passenger Briefing 방송은 이륙 전 지상에서 실시하여야 한다.

PASSENGER BRIEFING - LIVE DEMONSTRATION

손님 여러분,
지금부터 이 비행기의 비상구 위치와 비상 장비 사용법에 대해 안내해드리겠습니다. 잠시 주목해 주시기 바랍니다.

Ladies and gentlemen, this is the passenger safety briefing. Please direct your attention for a few minutes to the cabin crew for safety information.

이 비행기의 비상구는 모두 __개로 좌, 우에 각각 있습니다.

There are __ emergency exits on both sides of the aircraft.

좌석벨트 사인이 켜지면 좌석벨트를 매 주십시오. 벨트는 버클을 끼워 몸에 맞게 조여 주시고, 풀 때는 덮개를 들어 올리면 됩니다.

When the seat belt sign is on, insert the link into the main buckle and tighten the strap across your hips securely. To release the seat belt, raise the flap of the buckle.

산소마스크는 선반 속에 있으며 산소공급이 필요한 비상시에 저절로 내려옵니다. 마스크가 내려오면 앞으로 잡아당겨 코와 입에 대시고 끈을 머리에 고정하여 주십시오. 도움이 필요한 동반자가 있을 때는 먼저 착용하신 후 도와주시기 바랍니다.

Your oxygen mask is in the overhead compartment and it will drop automatically when needed. When the mask appears, pull the mask towards you, and cover your nose and mouth, then adjust the head band. Please put your mask first, and then help somebody who may need your assistance.

여러분의 좌석 아래에 있는 구명복은 비행기가 바다에 내렸을 경우 사용하시게 됩니다.

Your life vest is located under your seat.

구명복은 머리 위에서부터 입으시고 끈을 허리에 감아 앞에 있는 고리에 끼워 조여 주시기 바랍니다.

To put the vest on, slip it over your head, then adjust the strap around your waist.

앞에 있는 손잡이를 당기면 부풀어지며, 충분히 부풀지 않을 때는 고무관을 불어 주십시오.

To inflate the vest, pull down on the red tabs. For more air, blow into the tubes on each side of the vest.

구명복은 탈출 직전, 문 앞에서 부풀려 주십시오.

Inflate the vest just before exiting.

보다 자세한 내용은 좌석 앞 주머니 속의 안내서를 참고해 주시기 바랍니다.

For more information, please refer to the safety information card in your seat pocket.

아울러 여러분의 안전하고 쾌적한 여행을 위해 항공기 내에서의 흡연은 엄격히 금지되어 있음을 알려드립니다. 감사합니다.

Also, we'd like to remind you that smoking is strictly prohibited during the flight.

Thank you.

풀이

손님 여러분, ﹀
지금부터 이 비행기의 비:상구 위치와 비:상장비 사:용법(뻡)에 대해﹀ 안:내해 드리겠습니다./ 잠시 주:목해 주시기 바랍니다./

Ládies‿and géntlemen,﹀ this is the pássenger sáfety bríefing./
[léidiz n dʒéntlmén] [pǽsəndʒər, 패쉰저(x)]

Pléase diréct your atténtion for a few mínutes﹀ to the cabin crew for sáfety informátion.//

이 비행기의 비:상구는 모두 __개로 ﹀ 좌:, 우에 각각 있습니다./

There are __ emérgency exits on both sides of the áircraft.//
[iməːrdʒənsi, 이멀전쓰(x)][éksit][bouθ] [ɛ́ərkræ̀ft]

좌:석벨트 사인이 켜지면 좌:석벨트를 매: 주십시오./ 벨트는 버클을 끼워 몸에 맞게 조여 주시고,/ 풀 때는 덮개를 들어 올리면 됩니다./

When the séatbelt sign is on,/ insért the link into the main búckle/
[insəːrt] [bʌ́kl]

and tíghten the strap across your hip secúrely./
[táitən] [sikjúərli]

To reléase the seat belt,﹀ raise the flap of the buckle.//
[rilíːs]

산소마스크는 선반 속:에 있으며,﹀ 산소 공:급이 필요한 비상시에 저절로 내려옵니다./ 마스크가 내려오면 앞으로 잡아당겨﹀ 코와 입에 대시고﹀ 끈을 머리에 고정하여 주십시오./

도움이 필요한 동반자가 있을 때는 먼저 착용하신 후 도와주시기 바랍니다./

Your oxygen mask is in the overhead compártment/ and it will drop
[ɑ́ksidʒen] [모음 앞 ði:] [kəmpɑ́:rtmənt]

automátically when needed./
[ɔ̀:təmǽtikəli]

When the mask appéars,/ pull the mask towards‿you﹀ and cover
[əpíər]

your nose and mouth,﹀ then adjust the head band./ Pléase put your mask first,/
[ədʒʌ́st]

and then help somebody﹀ who may need your assistance.//
[sʌmbɑ̀d] [əsístəns]

여러분의 좌:석 아래에 있는 구:명복은﹀ 비행기가 바다에 내렸을 경우 사용하시게 됩니다./

Your life vest is located under your seat./
[v발음에 주의]

구:명복은 머리 위에서부터 입으시고﹀ 끈을 허리에 감:아,﹀ 앞에 있는 고리에 끼워 조여 주시기 바랍니다./

To put the vest‿on,﹀ slip‿it over your head,﹀ then adjust the strap around‿your waist./

앞에 있는 손잡이를 당기면 부풀어지며,﹀ 충분히 부풀지 않을 때는 고무관을
[고무간(x)]

불:어 주십시오./

To infláte the vest,﹀ pull down on the red tabs./ For more air,﹀ blow into the tubes on each side of the **v**est./

구:명복은 탈출 직전 문 앞에서 부풀려 주십시오./

Infláte the vest﹀ just before éxiting.//
[bifɔ́ːr] [éksit]

보다 자세한 내:용은﹀ 좌:석 앞 주머니 속의(에) 안:내서를 참고해 주시기 바랍니다./

For more informátion,﹀ pléase refer to the sáfety information card
[ìnfərméiʃən]

in your seat pocket.//

아울러 여러분의 안전하고 쾌적한 여행을 위해﹀ 항공기 내에서의 흡연은
[쾌저칸(O), 쾌즈칸(x)][여앵(x)] [헙연(x)]

엄격히 금:지되어(돼) 있음을 알려드립니다.//

감:사합니다.//

Also,﹀we'd like to remind‿you﹀ that smoking is stríctly prohíbited
[stríktli] [prouhíbitid]

during the flíght.//

Thánk you.//

04 TAKE–OFF(이륙)

- 'Take-off' 방송은 기장이 이륙 직전 객실승무원과 승객들에게 이륙을 알리기 위해 차임벨을 3번 울리고 나면 실시한다.
- Take-off 방송은 모든 이륙 준비를 마치고 모든 승무원 및 승객이 좌석에 착석해 있는 상황이므로 너무 큰 목소리보다는 단호하게 이륙을 알리는 것이 좋다.
- 방송은 객실사무장이 실시한다.
- Take–off 방송은 방송문을 보고 읽기보다는 승객들의 상황을 살피며 방송하는 것이 좋으므로 암기하도록 한다.

TAKE-OFF(이륙)

손님 여러분, 우리 비행기는 곧 이륙하겠습니다.
여러분의 안전을 위해, 좌석벨트를 매셨는지 다시 한 번 확인해 주시기 바랍니다.
감사합니다.

Ladies and gentlemen,
We will be taking off shortly. For your safety, please check that your seatbelt is securely fastened.
Thank you.

풀이

손님 여러분,﹀ 우리 비행기는 곧 이:륙하겠습니다./
[이류카게씀니다]

여러분의 안전을 위해, 좌:석벨트를 매:셨는지﹀ 다시 한 번 확인해 주시기 바랍니다.//

감:사합니다.//

Ládies‿and géntlemen,﹀
[léidiz n dʒéntlmén]

We will be taking off shortly./
[we'll] [ʃɔ́ːrtli]

For your safety,﹀ pléase chéck that‿your séatbelt is securely fástened.//
[sikjúərli]

Thánk you.//
[θǽŋkúː]

학습활동

❖ 사례연구

01. 다음은 올바르지 않은 탑승환영방송 사례입니다. 탑승환영 방송을 할 때 도착지 소개를 어떻게 하면 좋을까요?

아일랜드의 저비용항공사(LCC) 라이언에어(Ryanair)의 한 객실승무원이 이탈리아 남부 바리공항(Bari Karol Wojtyła Airport)으로 가는 항공기 출발을 앞두고, 기내방송을 통해 탑승환영방송을 하면서 '마피아의 도시'라고 소개하는 바람에 이탈리아인 승객이 반발하여 항의하는 소동이 벌어졌다고 한다. 2012년 10월의 일이다.

이날 라이언에어의 객실승무원은 출발 직전 인사말에서 "파리·보베공항(Beauvais-Tillé Airport)을 출발하여, 마피아와 세인트 니콜라스 성당(Basilica di San Nicola)의 도시 바리행 항공편에 탑승해 주셔서 감사합니다."라고 방송했다는 것이다. 이 방송은 프랑스어와 영어로 방송했는데 구체적인 날짜와 편명 등은 밝혀져 있지 않다. 한 젊은 여성 승객은 라이언에어와 바리 시장에게 편지를 보내고, "승객을 무시한 취급에 심한 불쾌감을 느꼈다"라고 호소하면서 "바리가 있는 풀리아(Puglia)주는, 수년 전 공적 자금을 투입하여 공항을 정비하고, 라이언에어에 힘을 실어주었는데도…."라면서 불만을 나타냈다는 것이다.

결국, 이날 기내환영방송을 한 수석승무원은 해고되었다. 나중에 알려진 사실이지만 편지를 보낸 승객은 라이언항공이 고용한 미스터리 승객(Mystery Passenger)으로 승객을 가장한 '비밀서비스평가원'이었다.

출처: http://airstory.kr/207795965 재구성

02. 세계대회(예: 올림픽, 아시안게임, 세계수영선수권대회 등)가 개최되는 대한민국으로 입국하는 항공기의 탑승환영방송을 간단하게 만들어 봅시다.

03. 승객 브리핑 방송 시 주의해야 할 것은 무엇일까요?

CHAPTER

08 이륙 후부터 비행 중 방송

학습목표

항공기가 이륙 후 순항고도에 진입한 다음에 실시하는 좌석벨트 상시 착용 안내방송, 서비스 안내방송, 면세품 판매방송, 서류 안내방송 등 비행 중 이루어지는 방송을 수행할 수 있다.

01 SEATBELT SIGN OFF(좌석벨트 상시착용)

- 항공기가 이륙 후 순항고도에 진입하면, 기장은 좌석벨트 표시등을 '띵' 소리와 함께 끄게 된다.
- 좌석벨트 표시등이 꺼진 것은 항공기가 순항고도에 진입하여 안전하니 승무원은 서비스를 시작하고 승객도 객실 내에 이동을 해도 된다는 신호이다.
- 방송은 방송 Duty자가 실시한다.

SEATBELT SIGN OFF(좌석벨트 상시착용)

손님 여러분,

방금 좌석벨트 사인이 꺼졌습니다.
그러나 기류변화로 비행기가 갑자기 흔들릴 수 있으니, 자리에 앉아 계실 때는 항상 좌석벨트를 매 주시기 바랍니다. 또한, 선반 속의 물건을 꺼내실 때는 안에 있는 짐들이 떨어지지 않도록 조심해 주십시오.
지금부터 노트북 등의 전자제품을 사용하실 수 있습니다. 사용하실 수 있는 전자제품에 대한 자세한 내용은 기내지를 참고해 주십시오.

감사합니다.

SEATBELT SIGN OFF(좌석벨트 상시착용)

Ladies and gentlemen,

The seat belt sign is now off.
For your safety, please keep your seat belt fastened while seated.
When opening the overhead bins, be careful as the contents may fall out.
You may now use laptop computers.
For further information on the types of electronic devices allowed on board, please refer to the in-flight magazine in your seat pocket.

Thank you.

풀이

손님 여러분,﹀
방금 좌:석벨트 사인이 꺼졌습니다./
그러나 기류변:화로﹀ 비행기가 갑자기 흔들릴 수 있으니,﹀ 자리에 앉아 계실 때는﹀항상 좌:석벨트를 매: 주시기 바랍니다./

또한,﹀ 선반 속:의(에) 물건을 꺼내실 때는﹀ 안에 있는 짐들이 떨어지지 않도록 조:심해 주십시오./

지금부터 노트북 등의(에) 전:자제:품을 사용하실 수 있습니다./
사용하실 수 있는 전:자제:품에 대한 자세한 내용은﹀ 기내지를 참고해 주십시오.//

감:사합니다.//

Ládies‿and géntlemen, The seat belt sign‿ is now off./
[léidiz n dʒéntlmén] [ɔːf, 오브(x)]

For your safety, please kéep‿your seat belt fástened while séated./
[plíːz, 플리스(x)]

When opening the overhead bins, be cáreful as the contents may fall‿out./
[kántents] [fɔ'lau,t]

You may now use laptop compúters./
[kəmpjúːtərs]

For further informátion on the types of electrónic devíces allówed
[fáːrðər, th발음에 유의] [əláud]

on board, pléase refer to the in-flíght magazíne in your seat pocket.//
[bɔːrd] [mægəzíːn]

Thánk you.//
[θǽŋkúː]

02 승무원 소개 및 SERVICE PLAN

- 이 방송은 본격적인 서비스를 실시하기에 앞서서, 객실사무장이 승객들에게 승무원들을 정식으로 소개하고, 비행 중 실시되는 서비스 순서와 계획을 설명함으로써, 승객들이 자신의 rest plan을 계획할 수 있도록 순서와 상황별로 자세하게 설명하는 방송이다.
- 방송은 객실사무장이 실시한다.
- 본 방송은 딱딱하게 하기보다는 설명하듯이 서비스 순서와 계획을 설명하도록 한다.
- 승무원 소개 및 Service Plan 방송 시 해당 Zone 담당 승무원들은 복도에 나가 타월 서비스 또는 헤드폰 서비스 등 승객들에게 서비스를 시작한다.

승무원 소개 및 SERVICE PLAN

손님 여러분, 안녕하십니까? 캐빈매니저(사무장)___ 입니다.
즐겁고 편안한 여행을 위해 비행 중 제공되는 서비스를 안내해드리겠습니다.
곧, 음료와 (아침, 점심, 저녁) 식사를 제공하고, 이어서 면세품을 판매하겠습니다.
그리고, (목적지 도시명) 도착 ___시간 ___분 전, 음료와 (간단한 스낵, 아침, 점심, 저녁 등) 식사를 준비해 드리겠습니다.
잠시 후 국내외 최신 영화, 음악, 컴퓨터 게임 등을 즐길 수 있는 프로그램을 시작하겠습니다.
원하는 시간에, 원하는 프로그램을 마음대로 선택해 감상하실 수 있으니 안내 책자를 참고하시기 바랍니다.
저희 승무원은 손님 여러분의 편안한 여행을 위해 최선을 다하겠습니다. 도움이 필요하시면 언제든지 저희 승무원에게 말씀해 주십시오.

감사합니다.

승무원 소개 및 SERVICE PLAN

Ladies and gentlemen, this is your cabin manager(flight purser)___ speaking.

I would like to inform you of our service today.

Soon, we will serve drinks and meals (or lunch/dinner/supper/a snack/breakfast).

Following the meal, duty-free items will be on sale.

We will serve drinks and meals (or lunch/dinner/supper/a snack/breakfast) _____ hour(s) ___ minute(s) before landing.

At this time, you can use the entertainment system. All programs are available during the flight.

If you need any assistance, please let us know.

We hope you enjoy the flight.

Thank you.

풀이

손님 여러분, 안녕하십니까?∨ 캐빈매니저(사무장) ___ 입니다./

즐겁고 편안한 여행을 위해∨ 비행 중 제공되는 서비스를 안:내해 드리겠습니다./

곧, 음:료와 (아침, 점심, 저녁) 식사를 제공하고,∨ 이어서 면:세품을 판매하겠습니다./
[음:뇨(○), 엄료(x)] [팜매(x)]

그리고, (목적지 도시명) 도:착 ___시간 ___분 전,∨ 음:료와 (간단한 스낵, 아침, 점심, 저녁 등) 식사를 준:비해 드리겠습니다./

잠:시 후: 국내외 최:신 영화, 음악, 컴퓨터 게임 등을 즐길 수 있는 프로그램을
[이중모음 발음 주의. 영하, 영와(x)]

시:작하겠습니다./

원하는 시간에, 원하는 프로그램을 마음대로 선:택해 감상하실 수 있으니∨ 안:내 책자를 참고하시기 바랍니다./

저희 승무원은 손님 여러분의(에) 편안한 여행을 위:해 최:선을 다:하겠습니다./
[성무원(x)] [여앵(x)]

도움이 필요하시면 언:제든지∨ 저희 승무원에게 말:씀해 주십시오.//

감:사합니다.//

Ládies‿and géntlemen,

[léidiz n dʒéntlmén]

This is your cabin mánager(flight purser)____ speaking./

I would like to infórm you of our service todáy./
[I'd]

Soon, we will sérve drinks and meals (or lunch/dinner/supper/a snack/bréakfast)./
[brékfəst, 블랙퍼스트(x)]

Fóllowing the meal, duty-free ítems will be on sale./

We will sérve drinks and meals (or lunch/dinner/supper/a snack/bréakfast)
____ hour(s) ___ mínute(s) befóre lánding./

At‿this time, you can use the entertáinment system./

All prógrams are aváilable during the flíght./
[djúəriŋ, 듀어링(x)]

If you need any assístance, pléase let‿us know./

We hope‿you enjoy the flíght.//

Thánk you.//

03 DUTY-FREE SALES(면세품 판매)

- 면세품 판매는 노선별, 비행 소요 시간, 비행시간대 등에 따라 판매방식이 다르다.
- 이 방송은 해당 판매 시점에서 면세품 구입 방법, 사전예약주문, 면세품 판매 불가 구간 안내 등에 대한 내용과 경우에 따라서는 Special 품목과 이벤트 등을 소개함으로써 승객들이 구매욕을 느낄 수 있도록 보다 상세히 설명하듯 방송한다.
- 비행시간에 따라 늦은 야간 비행인 경우 객실사무장의 판단에 따라 이륙 후 바로 방송을 하는 경우도 있다. 또한, 착륙 전 다시 한 번 더 방송하는 경우도 있다.
- 방송은 방송 Duty 승무원이 한다.

면세품 판매

손님 여러분,

저희 기내에서는 손님 여러분의 쇼핑 편의를 위해 면세품을 준비했습니다.

구입을 원하시는 분께서는 저희 면세품 판매대가 지나갈 때 말씀해 주시기 바랍니다. '기내면세품 사전주문서'를 작성하시면 편리하게 면세품을 구매하실 수 있습니다. 또한, 환승 시 액체류 물품은 보안상의 이유로 기내반입에 제한을 받을 수 있으니 구매를 원하시는 분은 승무원의 안내를 받으시기 바랍니다.

■ 면세허용량 안내

참고로, [국가명]에 입국하시는 손님의 면세허용량은 담배 __보루,

주류 __병임을 알려드립니다.

감사합니다.

DUTY-FREE SALES

Ladies and gentlemen,

We will now begin the sales of duty-free items.

You can purchase duty-free items when the sales cart passes by your seat.

Also, if you would like to pre-order any duty-free items for your return flight, please contact your cabin attendant.

Due to restrictions on liquids and gels for transit passengers, please inform our cabin crew before purchasing these items.

■ Duty free allowance information

We would like to let you know that the duty free allowance for (국가명) is ___ bottle(s) of liquor and __ carton(s) of cigarettes.

Thank you.

풀이

손님 여러분,﹀
저희 기내에서는 손님 여러분의(에) 쇼핑 편의를 위해﹀ 면:세품을 준:비
[펴늬/펴니]
했습니다./

구입을 원:하시는 분께서는﹀ 저희 면:세품 판매대가 지나갈 때 말:씀해주시기 바랍니다./

'기내면:세품 사:전주:문서'를 작성하시면﹀편리하게 면:세품을 구매하실 수
[펼리하게]
있습니다./ 또한, 환:승 시 액체류 물품은 보:안상의 이유로 기내반입에 제:한을 받을 수 있으니﹀ 구매를 원하시는 분은 승무원의 안:내를 받으시기 바랍니다./

■ 면세허용량 안내

참고로, *[국가명]에 입국하시는 손님의 면세허용량은 *담배 __ 보루, *주류 __병임을 알려드립니다.

[* 천천히 또박또박 강조하여 발음]

감:사합니다.//

Ládies‿and géntlemen,

[léidiz n dʒéntlmén]

We will now begín the sales of duty-free ítems./

[We'll]

You can púrchase duty-free items when the sales cart passes by your seat./

[pə́ːrtʃəs]

Also, if you would like to pre-order any duty-free items for your

[you'd]

retúrn flíght,/ pléase cóntact your cabin atténdant./

[ritə́ːrn] [əténdənt]

Due to restríctions on líquids‿and gels for transit pássengers,/

[ristríkʃən] [líkwid] [dʒel]

pléase infórm our cabin crew befóre púrchasing **th**ese ítems./

[ðiːz]

■ Duty free allowance information

We would like to let you know that the duty free allówance for

[We'd] [əláuəns]

(국가명) is ___ bottle(s) of liquor and __ carton(s) of cigaréttes.

[bátl] [líkər] [káːrtn] [sìgərét]

Thánk you.//

04. DOCUMENTATION(대한민국 입국)

- 'Documentation' 방송은 각 국가에 입국할 때 필요한 서류, 면세허용량, 반입불가물품 등을 안내하는 방송이다.
- 서류작성 실수와 잘못된 정보제공으로 인해 승객들이 해당 국가에 입국할 때 불이익을 당하지 않도록 크고 또박또박 정확하게, 필요에 따라서는 재차 강조하여 방송한다.
- 방송은 방송 Duty 승무원이 실시한다.
- 방송담당자는 도착지 입국 관련 서류, 면세허용량, 반입불가품목에 대하여 충분히 숙지하고 방송하여야 하며, 입국 규정 및 제출해야 하는 서류 등이 변경되는 경우가 있으므로 최신의 정보로 인지하고 있어야 한다.

DOCUMENTATION(대한민국 입국)

안내 말씀드리겠습니다.

한국에 입국하시는 손님들께서는 입국에 필요한 휴대품신고서를 다시 한 번 확인해 주십시오.

미화 만 불 이상, 또는 이에 해당하는 외화를 갖고 계시거나 미화 600불 이상의 물품을 구매하신 경우 반드시 신고해 주십시오.

또한, 조류독감, 구제역 등 전염병의 국내 유입을 방지하기 위해 해외에서 가축농장을 방문하셨거나 해외에서 생산된 농·수·축산물을 가져오신 분은 검역기관에 신고해 주시기 바랍니다.

감사합니다.

DOCUMENTATION(대한민국 입국)

Ladies and gentlemen, All passengers entering into Korea, please have your entry documents ready.

If you are carrying more than the equivalent of 10,000 US dollars or more, or if you have acquired more than 600 US dollars' worth of articles abroad, you must declare them on the customs form.

Also, in order to prevent the spread of infectious diseases such as avian influenza and foot and mouth diseases, you must go to the quarantine center to undergo disinfection procedures if you work in the livestock industry.

Also, if you have visited a livestock farm or if you are carrying agricultural, animal or marine products into Korea, please inform the quarantine center.

Thank you.

풀이

안:내 말씀드리겠습니다./

한국에 입국하시는 손님들께서는∨ 입국에 필요한 휴대품신고서를
[입꾹]

다시 한 번 확인해 주십시오./
[학인(x), 이중모음 발음 주의]

미화 만 불 이:상,∨ 또는 이에 해당하는 외:화를 갖고 계:시거나∨
[외:-/웨:-, 애화(x)]

미화 600불 이:상의 물품을 구매하신 경우 반드시 신고해 주십시오./

또한, 조류독감, 구제역 등:∨ 전염병의(에) 국내 유입을 방지하기 위해∨
[저념뼝] [궁내]

해:외에서 가축농장을 방:문하셨거나∨ 해:외에서 생산된 농·수·축산물을
가져오신 분은∨ 검:역기관에 신고해 주시기 바랍니다.//
[거:멱]

감:사합니다.//

Ládies‿and géntlemen,/
[léidiz n dʒéntlmén]

All pássengers éntering into Koréa,/ pléase have your éntry dócuments ready./
[pǽsəndʒər, 패쉰저(x)] [kəríːə] [dákjumənts][rédi]

If you are carrying more than the equívalent of 10,000 US dollars or more,/
[(모음 앞) ðiː][ikwívələnt]

or if you have acqúired more than 600 US dollars' worth of árticles abróad,/
[əkwáiərd] [wəːrθ] [áːrtikl] [əbrɔ́ːd]

you must decláre them on the customs form./
[dikléər]

Also,/ in order to prevent the spread of infectious diséases such as
[infékʃəs] [diziːziz]

avian influenza and foot and mouth diseases,/ you must go to the
[influénzə] [mouθ] [diziːziz]

quarantine center to undergo disinféction procédures if you work
[kwɔ́ːrəntìːn] [əˌndərgou'][dìsinfékʃən][prəsíːdʒər]

in the lívestock índustry./
[láiv-] [índəstri]

Also,/ if you have visited a livestock farm﹀ or if you are carrying

agricultural,﹀ ánimal﹀ or maríne próducts into Koréa,/ pléase infórm

[ægrikʌltʃərəl] [ǽnəməl] [강조하듯 하나하나 천천히 발음]

the quarantine center.//

Thánk you.//

[θǽŋkúː, 쌩큐(x)]

학습활동

❖ 사례연구

01. 서류 안내 방송(입국서류)을 하기 위한 정보를 국가별로 정리해 봅시다.

국가	필요서류	필요정보
일본		
중국		
태국		
싱가포르		
미국		
캐나다		
러시아		
영국		
프랑스		
독일		
이탈리아		
아랍에미레이트		

02. 기내면세품 안내방송을 하기 위한 국가별 면세허용량을 정리해 봅시다.

국가	면세허용량	주의사항
일본		
중국		
태국		
싱가포르		
미국		
캐나다		
러시아		
영국		
프랑스		
독일		
이탈리아		
아랍에미레이트		

미리 해보는 세계여행 ⑦

: 중국편 

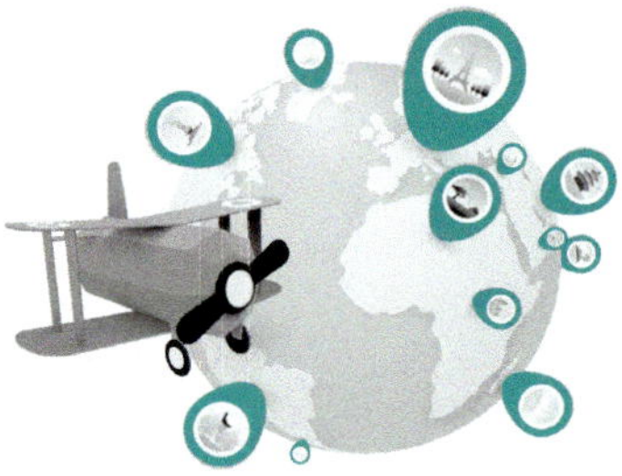

베이징 여행

- ✔ 베이징은 중국의 수도로 정치 및 문화의 중심지
- ✔ 베이징 중심에 있는 중국을 대표하는 세계 최대 규모의 천안문 광장과 주변에 있는 인민대회당, 인민영웅기념비, 마오주석 기념당
- ✔ 중국의 역사와 문화를 한눈에 볼 수 있는 국가박물관
- ✔ 유네스코가 지정한 세계 100대 문화유산 중 하나로, 500여 년 황제가 생활하던 대제국의 황궁 자금성

자금성

천안문 광장

CHAPTER

09

목적지 공항 착륙 전 방송

학습목표

기내방송 실시 규정에 따라 도착 안내방송, 환승 안내방송, 착륙 방송을 수행할 수 있다.

01 HEADPHONE COLLECTION(헤드폰 회수)

손님 여러분,
착륙 준비를 위해 사용하시던 헤드폰을 회수하겠으니 협조해 주시기 바랍니다.
감사합니다.

Ladies and gentlemen,
We will now begin to prepare for landing.
Our cabin crew will collect headphones shortly.
We appreciate your cooperation.
Thank you.

풀이

손님 여러분,﹀
착륙 준:비를 위해 사:용하시던 헤드폰을 회수하겠으니 협조해 주시기
[창뉵] [협쪼]

바랍니다.//

감:사합니다.//

Ládies‿and géntlemen,/
[léidiz n dʒéntlmén]

We will now begin to prepáre for lánding./
[We'll] [pripéər]

Our cábin crew will collect headphones shórtly./
[f 발음]

We appréciate your cooperátion.//
[əpríːʃièit] [kouɑ̀pəréiʃən]

Thánk you.//
[θǽŋkúː, 쌩큐(x)]

02 APPROACHING(공항 접근)

- 이 방송은 국제선의 경우, 목적지 도착 20~25분 전에 기장의 'FASTEN SEATBELT' 시그널이 있고 난 후에 실시한다.
- 방송내용은 목적지 도착 예정 시간 및 착륙 준비를 위한 안전점검을 당부하는 내용에 대한 것이다.
- 본 방송이 시작되면 승무원들은 해당 Zone 복도에 나가서 승객들이 안전한 착륙 준비를 할 수 있도록 좌석벨트 착용 상태, 좌석 등받이와 테이블 위치, 창문 덮개 개폐 여부 등을 안내하고 점검한다. 또한, Galley 내의 잠금 상태, 서비스 카트 고정 상태, 서비스 용품 정리 등 안전한 착륙 준비를 위한 행동들도 동시에 이루어져야 한다.
- 방송은 방송 Duty 승무원이 실시한다.

APPROACHING

손님 여러분,
우리 비행기는 약 ___ 분 후에 ___ 국제공항에 도착하겠습니다.
착륙 준비를 위해 꺼내 놓은 짐들은 앞 좌석 아래나 선반 속에 다시 보관해 주시고,
창문 덮개는 열어 두시기 바랍니다.
감사합니다.

Ladies and gentlemen,
We are approaching ___ international airport.
Please store your carry-on items in the overhead bins or under the seat in front of you, and open your window shades.
Thank you.

풀이

손님 여러분,/

우리 비행기는 약 ___분 후:에﹀ ___ 국제공항에 도:착하겠습니다./
[비앵기(x)] [공앙(x)] [도:차카게씀니다]

착륙준:비를 위해 꺼내 놓은 짐들은﹀ 앞 좌:석 아래나 선반 속:에 다시
[창뉵]

보:관해 주시고,/ 창문 덮개는 열어 두시기 바랍니다.//

감:사합니다.//.

Ládies‿and géntlemen,/
[léidiz n dʒéntlmén]

We are appróaching (목적지) international áirport./
[əproutʃ] [intərnǽʃənl ɛ́ərpɔ̀ːrt]

Pléase store your carry-on items in the overhead bins﹀ or under the seat
[áitəmz] [(모음 앞) ði:]

in front of you,/ and open your window shades.//
[ʃeidz]

Thánk you.//
[θǽŋkúː, 쌩큐(x)]

03 TRANSIT PROCEDURE(환승 안내)

- 'Transit procedure' 방송은 목적지 공항 도착 후, 국내선 또는 국제선 연결편을 이용하는 승객들을 대상으로 하는 안내방송으로 'Approaching' 방송에 이어서 실시한다.
- 착륙 준비로 인해 기내가 다소 어수선한 상황이므로 크고 명확하게 방송한다.
- 방송은 방송 Duty 승무원이 실시한다.

TRANSIT PROCEDURE

계속해서 이 비행기로 [도시명]까지 가시는 손님들께 안내 말씀드리겠습니다.
[도시명]에 도착하면 모든 짐을 갖고 내리시고 탑승권도 잊지 마시기 바랍니다.
내리신 후에는 저희 지상직원의 안내에 따라 통과카드를 받으신 다음, 공항 대기 장소에서 잠시 기다려 주십시오.
이 비행기의 다음 출발 시각은 ___시 ___분이며, 탑승시각은 공항에서 알려드리겠습니다.
감사합니다.

Ladies and gentlemen,
If you are continuing onto [도시명] with us, you should take all of your belongings including boarding pass when leaving the airplane.
After deplaning, please go to the transit area.
Our scheduled departure time for [도시명] is ___a.m(p.m).
Please listen to your boarding announcement in the transit area.
Thank you.

풀이

계:속해서 이 비행기로 [도시명]까지 가시는 손님들께 안:내 말:씀드리겠습니다./

[공항명]에 도:착하면 모든 짐을 갖고 내리시고﹀ 탑승권도 잊지 마시기 바랍니다./

내리신 후에는﹀ 저희 지상직원의(에) 안:내에 따라 통과카드를 받으신 다음,﹀ 공항 대기 장소에서 잠시 기다려 주십시오./

이 비행기의 다음 출발 시각은﹀ __시 __분이며,/ 탑승시각은 공항에서
[탑씅(O), 탑성(x)]

알려드리겠습니다.//

감:사합니다.//

Ládies‿and géntlemen,/
[léidiz n dʒéntlmén]

If you are continuing onto [도시명] with‿us﹀ you should take all‿of‿your
[kəntínju:iŋ]

belongings including boarding pass﹀ when leaving the áirplane./
[biló:ŋiŋz] [bó:rdiŋ]

After depláning,﹀ pléase go to the tránsit area./

Our schéduled‿depárture time for [도시명]﹀ is ___a.m(p.m)./

Pléase listen to your boarding announcement in the tránsit área.//
[ənáunsmənt]

Thánk you.//

04 LANDING(착륙)

- 'Landing' 방송은 비행기 바퀴(Landing gear)가 '퉁' 소리와 함께 내려온 후 기장의 시그널에 맞춰 방송을 실시하며, 목적지 공항 도착에 앞서 승객의 수하물 보관 및 안전점검을 확인하고 강조하기 위한 방송이다.
- 착륙 5분 정도 전으로 창밖을 보면 지상이 보이는 시점이다.
- 승객들의 화장실 사용, 서비스 요청이 불가능하다.
- 방송은 방송 담당승무원이 실시한다.

LANDING

손님 여러분,
우리 비행기는 곧 착륙하겠습니다.
좌석 등받이와 테이블을 제자리로 해 주시고, 좌석벨트를 매주십시오.
노트북 등 큰 전자기기는 좌석 하단 또는 기내 선반에 보관해 주시기 바랍니다.
감사합니다.

Ladies and gentlemen,
We will be landing soon.
Please fasten your seat belt, return your seat and tray table to the upright position.
Also, please place large electronic devices such as laptop computers under the seat or in the overhead bins.
Thank you.

풀이

손님 여러분,/

우리 비행기는﹀ 곧 착륙하겠습니다./
[비앵기(x)] [창뉵카게씀니다]

좌:석 등받이와 테이블을 제자리로 해 주시고,﹀ 좌:석벨트를 매: 주십시오./
[등바지]

노트북 등 큰 전:자기기는 좌:석 하단﹀ 또는 기내 선반에 보관해 주시기 바랍니다.//

감:사합니다.//

Ládies‿and géntlemen,/
[léidiz n dʒéntlmén]

We will be lánding soon./
[We'll]

Pléase fásten your seat belt,﹀ retúrn your seat﹀ and tray table to
[ritə́ːrn, r발음 주의]

the úpright posítion./
[ʌ́práit, 업나이트(x)]

Also,﹀ pléase place large electrónic devíces﹀ such as laptop compúters under the seat or in the overhead bins.//
[(모음 앞) ði;]

Thánk you.//

CHAPTER

10 목적지 공항 착륙 후 방송

학습목표

기내방송 실시 규정에 따라 목적지 공항 착륙 후 환송 방송과 하기 안내방송을 수행할 수 있다.

01 FAREWELL(환송)

- 목적지 공항에 안전하게 착륙하고, 엔진 역회전이 끝난 후 방송한다.
- 장거리 비행의 경우 손님들이 피곤해하시므로 밝은 목소리로 refresh 하듯 방송하며, 탑승에 대한 감사와 작별의 아쉬움의 감정을 담아 정성스럽게 방송한다.
- 목적지 안내 시 목적지의 특색을 나타내는 문구를 넣을 수 있으며, 또는 크리스마스, 새해 등 특별한 기간에 사용 가능한 문구를 삽입할 수 있다.
- 그러나 항공기 출·도착 지연, 또는 비행 중 잦은 기류변화 등으로 승객들의 불편사항이 있었던 경우에는 사과의 말씀을 전하는 방송 문구를 삽입하는 것이 좋다.
- 방송은 방송 Duty 승무원이 실시한다.

FAREWELL

손님 여러분,
이 비행기는 도착지(국제공항명)에 도착했습니다.

- 도시특성문안이 있는 경우
  - [도시특성문안]에 오신 것을 환영합니다.
- 항공기가 지연 도착한 경우
  - [지연 사유] 관계로 도착이 예정보다 늦어졌습니다.

지금 이곳은 ___월 ___일 ___요일 오전(오후) ___시 ___분입니다.
여러분의 안전을 위해 비행기가 완전히 멈춘 후, 좌석벨트 표시 등이 꺼질 때까지 자리에서 기다려 주시기 바랍니다.
선반을 여실 때는 안에 있는 물건이 떨어질 수 있으니 조심해 주시고, 내리실 때는 잊으신 물건이 없는지 다시 한 번 확인해 주시기 바랍니다.
오늘도 저희 00 항공을 이용해 주셔서 대단히 감사합니다.
저희 승무원들은 앞으로도 안전하고 편안한 여행을 위해 최선을 다하겠습니다.

감사합니다.

FAREWELL

Ladies and gentlemen,
We have landed at 도착지 international airport.

■ 항공기가 지연 도착한 경우 – We are sorry delay due to___.

The local time is now (___ : ___) a.m.(p.m.) on (day/month/date).
For your safety, please remain seated until the seatbelt sign is turned off.
Be careful when opening the overhead bins as the contents may have shifted during the flight.
Please remember to take all of your belongings with you when you leave the aircraft.
Thank you for choosing 00 Airlines and we hope to see you again soon on your next flight.

Thank you.

풀이

손님 여러분,/

이 비행기는 도착지(국제공항명) 공항에 도:착했습니다./

[도차켔습니다]

■ 도시특성문안이 있는 경우

[도시특성문안]에 오신 것을 환영합니다.

■ 항공기가 지연 도착한 경우

[지연 사유] 관계로 도:착이 예:정보다 늦어졌습니다.

지금 이곳은﹀ __ 월__ 일﹀__요일﹀ 오:전(또는 오:후) __ 시 __ 분입니다./

여러분의 안전을 위해﹀ 비행기가 완전히 멈춘 후 좌:석벨트 표시 등이 꺼질 때

[위애(x)] [좌슥, 자석(x)]

까지﹀ 자리에서 기다려 주시기 바랍니다./

선반을 여:실 때는﹀ 안에 있는 물건이 떨어질 수 있으니 조심해 주시고,/

내리실 때는 잊으신 물건이 없:는지﹀ 다시 한 번 확인해 주시기 바랍니다./

오늘도 저희 00 항:공을 이용해 주셔서 대:단히 감:사합니다./

저희 승무원들은﹀ 앞으로도 안전하고 편안한 여행을 위해 최:선을 다:하겠습니다.//

[최:-/췌:-]

감:사합니다.//

Ládies‿and géntlemen,/

We have lánded at 도착지 internátional áirport./

[weev]

■ 항공기가 지연 도착한 경우

We are sorry delay due to ___.

The local time is now (시:분) a.m.(p,m.)﹀ ***on (day / month / date)./***

[예: Monday, March 21(twenty first), 하나하나 천천히 발음]

For your sáfety,/ pléase remáin séated﹀ until the seatbelt sign is túrned‿**off**./

[síːtid][təːrndɔ́(ː)f, turned of로 발음되지 않도록 주의]

Be cáreful﹀ when ópening the óverhead bins﹀ as the cóntents may have

[kάntents, 콘텐츠(x)]

shifted during the flight./

[ʃiftid]

Pléase remémber to take all‿of‿your belóngings with you﹀

[rimémbər]

when you leave **the** áircraft./

[e'rkræ,ft]

Thánk you for choosing 00 Airlines﹀ and we hope‿to see you agáin soon﹀ on your next flight.//

Thánk you.//

수의 발음

❶ 월(月), 시간(時間), 분(分)을 읽을 때도 장, 단음을 구별하여 발음하여야 한다.

❷ 1~12를 읽을 때 2, 4, 5는 장음이며, 나머지 1, 3, 6, 7, 8, 9, 10은 단음으로 발음한다. 그러나 고유어로 읽을 때는 하나, 둘, 셋, 넷, 다섯, 여섯, 일곱, 여덟, 아홉, 열 등으로 발음하고, 이 경우 둘, 셋, 넷, 열은 장음이고 나머지는 단음이다.

예

· 2월 9일 오후 10시 15분 → 이:월 구일 오:후 열: 시 십오: 분(○)
· 육시 삼십 분(×) → 여섯 시 삼십 분(○)
· 팔시 오분(×) → 여덟 시 오:분(○)

❸ 30분의 경우 한시 반이나 일곱 시 반으로 읽는 경우도 있으나, 반이라는 말은 정확한 의미라고 하기 보다는 '쯤, 정도'에 해당하는 말이므로 방송을 할 때 적절한 표현은 아니다. 따라서 한시 삼십 분, 일곱 시 삼십 분으로 읽어야 한다.

현지시간과 날짜 읽는 법

어순 : **시간 + 요일 + 월 + 날짜**

❶ 우리 식의 어순과 반대이며, 시간과 분을 따로 구별하여 읽는다.

예

· 오전 8시 35분: eight thirty five a.m.
· 오후 5시 45분: five forty five p.m.

· 정각 오전 11시: eleven o'clock in the morning
· 정각 오후 3시: three o'clock in the afternoon
· 정각 저녁 9시: nine o'clock in the evening

❷ 요일 앞에는 전치사 on을 쓴다.

예 on Monday, on Saturday 등

❸ 월/일: [월] 다음에 오는 [일]은 보통 서수로 읽는다.

예
· 4월 1일: April first
· 3월 3일: March third
· 8월 10일: August tenth
· 11월 13일: November thirteenth

예
· 이곳 로스앤젤레스의 현재 시각은 11월 15일,﹀ 일요일, ﹀오전 8시 45분입니다./

► The local time here in Los Angeles is eight forty five a.m.﹀ on Sunday,﹀ November fifteenth./

· 지금 이곳 서울은 7월 31일,﹀ 월요일,﹀ 오후 4시 37분입니다./

► The local time in Seoul is now﹀ four thirty seven in the afternoon ﹀ on Monday,﹀ July thirty first./

QUIZ

다음 문장들을 연습해봅시다.

- 1월 19일 목요일 오후 2시 55분

- 8월 21일 토요일 오전 9시 07분

- 5월 3일 월요일 정오

- 12월 25일 일요일 오후 6시 10분

- 2월 18일 수요일 오전 11시 45분

- 9월 25일 화요일 오후 11시

02 DEPLANE(승객하기 안내)

- 이 방송은 비행기가 게이트(gate)에 완전하게 도착한 다음, 항공기 출입문이 개방되고, 승객들이 하기해도 된다는 허가가 있고 난 후에 방송한다.
- 공항에 따라 또는 항공기에 따라 개방하는 출입문의 개수, 위치 등이 다를 수 있으므로 방송 담당자는 도착 직전 공항 상황을 살피고 방송하도록 한다.
- 출입문이 공항청사와 연결되지 않고, 계단을 이용하여 내린 후 버스로 이동하는 경우에는 외부 날씨(눈, 비, 바람 등)에 대한 주의사항도 함께 방송하는 것이 좋다.
- 방송은 방송 Duty자가 한다.

DEPLANE

손님 여러분,
기내에 두고 내리시는 물건이 없는지 좌석 앞 주머니와 선반 속을 다시 한 번 확인해 주시고, 잠시 후(지금부터) 앞문(앞문과 뒷문/ 첫 번째 문과 두 번째 문)으로 내려주시기 바랍니다.
감사합니다. 안녕히 가십시오.

Ladies and gentlemen,
You may now deplane through the front door(or the front and rear doors, or the 1st and 2nd doors).
Please check you have left no items in the seat pocket or under the seat.
Thank you and good-bye.

풀이

손님 여러분,/

기내에 두고 내리시는 물건이 없는지﹀ 좌:석 앞 주머니와 선반 속:을 다시 한 번 확인해 주시고,/ 잠시 후: (지금부터) 앞문(앞문과 뒷:문/ 첫 번째 문과 두: 번째 문)으로 내려 주시기 바랍니다.//

[바람다(x)]

감:사합니다.﹀ 안녕히 가십시오.//

Ládies‿and géntlemen,/

[léidiz n dʒéntlmén]

You may **now depláne**﹀ thróugh the **front door**(또는 the front and rear doors,

[θrú, th발음주의]

또는 the 1st and 2nd doors)./

※ 문장에서 중요한 단어에 accent를 주어 자연스러운 억양을 만든다.

Pléase check you have left no items in the seat pocket﹀ or under the seat.//

Thánk you﹀ and Good bye.//

[θǽŋkúː]

학습활동

❖ 사례연구

01. Farewell 방송 시 추가하면 좋은 방송문을 작성해 봅시다. ① 해당편 항공기가 출발지 공항의 기상악화로 지연 출발하여 예정된 시간보다 늦게 도착한 경우, ② 비행 중 심한 기류변화로 항공기가 많이 흔들린 경우를 나누어 Farewell 방송 시작 단계에서 방송 할 수 있는 방송문을 만들어 봅시다.

02. 아래와 같은 상황의 비행일 경우 Farewell 방송 시 할 수 있는 방송문을 만들어 봅시다.

상황	방송문
수학여행 학생 단체가 탑승하였을 경우	
신혼여행객이 많이 탑승한 경우	
새해	
크리스마스	
첫 취항지	

미리 해보는 세계여행 ❽

: 홍콩편 

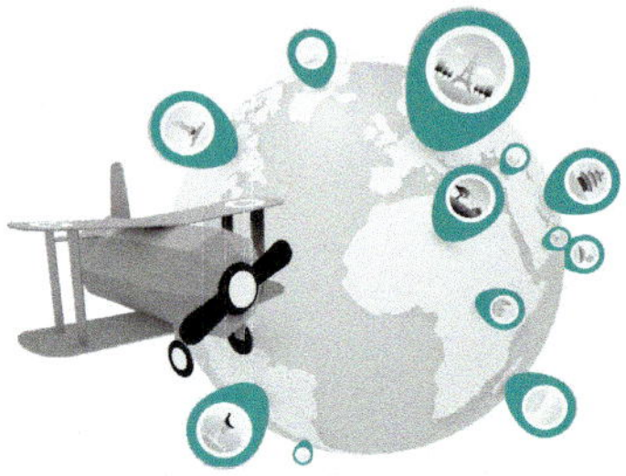

홍콩 여행

✔ 동아시아 최대 규모인 홍콩 테마파크: 2005년에 문을 연 홍콩 디즈니랜드와 오랜 세월 동안 사랑받는 오션 파크

✔ 홍콩 소호 거리: 세계에서 가장 긴 에스컬레이터로 유명한 '미드레벨 에스컬레이터'가 있는 곳으로 다양하고 아기자기한 카페, 레스토랑, 갤러리들이 한데 어우러져 있다.

✔ 빅토리아 피크: 홍콩의 아름다운 야경을 감상할 수 있는 곳으로 각종 영화에서 야경장면을 촬영하는데 단골로 이용된다.

홍콩 디즈니랜드

빅토리아피크

PART 06

기내방송연습 II
– IRREGULAR ANNOUNCEMENT I

CHAPTER

11 비정상 상황 방송 기본 정보, 지연 및 대기 안내방송

학습목표

비정상적인 상황에서의 기내방송에 필요한 기본 정보를 파악하고, 항공기 지연 및 대기 시 안내방송을 수행할 수 있다.

❖ 비정상적인 상황에서의 기내방송 및 기본 정보

비정상 상황이란 공공 교통수단으로 정시성을 중요시하는 항공기 운항에서 지연 및 대기, Circling(공중 선회) 등 항공기가 천재지변, 항공기 결함 또는 공항 혼잡 등의 이유로 정시에 운항하지 못하는 경우를 말한다.

이러한 비정상적인 상황의 경우에는 기장이 객실승무원과 승객에게 직접 통보하거나, 또는 기장이 제공해주는 정보를 객실사무장이 객실승무원과 승객에게 전달하게 된다. 비정상 상황에서는 승객들이 불안해하고 상황에 대해 궁금해 하므로 5분마다 상황의 진행 및 변화를 지속적으로 안내해야 한다.

01 DELAYED DEPARTURE (I)

안내 말씀드리겠습니다.

1. 지금 저희 비행기는 이착륙하는 비행기가 많아,
2. 비행기를 점검(정비)하고 있어.
3. 지금 저희 비행기는 이곳 ___ 공항의 짙은 안개(또는 폭우/폭설/강풍/황사 등)로 인해,
4. 지금 저희 비행기는 이곳 ___ 공항의 활주로 제설 작업으로,

출발이 늦어지고 있습니다.

1. 잠시 후, 출발하겠으니, 양해해 주시기 바랍니다.
2. 약 __ 시간 __ 분 후, 출발하겠으니, 양해해 주시기 바랍니다.
3. ___ 가 끝나는 대로 출발하겠으니, 양해해 주시기 바랍니다.

손님 여러분께 불편을 드려 (대단히) 죄송합니다.

Ladies and gentlemen,

We'll be (or we're) delayed

1. due to air traffic.
2. due to aircraft servicing.
3. due to dense fog (or heavy rain/heavy snow/strong wind/dust etc) at ___ international airport.
4. due to snow removal on the runway.

1. We'll depart in about ___ hour(s) and ___ minutes.
2. We'll depart as soon as we can.

Thank you for your understanding.

풀이

안:내 말:씀드리겠습니다./

1. 지금 저희 비행기는 이:착륙하는 비행기가 많:아,/
2. 비행기를 점검(정:비)하고 있어/
3. 지금 저희 비행기는 이곳 ___ 공항의(에) 짙은 안:개
   (또는 폭우/ 폭설/ 강풍/ 황사 등)로 인해,/
4. 지금 저희 비행기는 이곳 ___ 공항의 활주로 제설 작업으로,/
   [활쭈로]

출발이 늦어지고 있습니다.

1. 잠:시 후:, 출발하겠으니, 양해해 주시기 바랍니다.//
2. 약 ___ 시간 ___ 분 후:, 출발하겠으니, 양해해 주시기 바랍니다.//
3. ___ 가 끝나는 대로 출발하겠으니, 양해해 주시기 바랍니다.//

손님 여러분께 불편을 드려 (대:단히) 죄:송합니다.//

Ládies‿and géntlemen,/
[léidiz n dʒéntlmén]

We'll be (or we're) delayed

1. due to air tráffic./
[trǽfik]

2. due to áircraft sérvicing./
[r, v발음에 유의]

3. due to dénse fog (or héavy rain/ héavy snow/ strong wind/ dust etc.)
[v발음에 유의]

at ___ internátional áirport./

4. due to snow remóval on the rúnway./
[rimúːvəl] [rʌ́nwèi]

1. We'll depárt in‿about ___ hour(s) and ___ mínutes./

2. We'll depárt as‿soon‿as we can./

Thánk you for your understánding.//

02 DELAYED DEPARTURE (II)

안내 말씀드리겠습니다.

1. 저희 비행기는 비행기 이륙 순서를 기다리고 있어,
2. 저희 비행기는 출국 수속 중인 손님을 기다리고 있어,
3. 저희 비행기는 수하물 탑재가 계속되고 있어,
4. 저희 비행기는 관제탑의 이륙 허가를 기다리고 있어,
5. 저희 비행기는 연결편 손님을 기다리고 있어,

출발이 늦어지고 있습니다.

1. 잠시 후, 출발하겠으니, 양해해 주시기 바랍니다.
2. 약 ___ 시간 ___ 분 후, 출발하겠으니, 양해해 주시기 바랍니다.
3. ___ 가 끝나는 대로 출발하겠으니, 양해해 주시기 바랍니다.

감사합니다.

Ladies and gentlemen, we're now waiting for

1. our turn to take-off.
2. the completion of check-in procedures by passengers.
3. the completion of baggage (or cargo) loading.
4. the departure (or take-off) clearance.
5. passenger from a connecting flight.

1. We'll depart in about ___ hour(s) and ___ minutes.
2. We'll depart as soon as we can.

Thank you for your understanding.

풀이

안:내 말:씀드리겠습니다./

1. 저희 비행기는﹀ 비행기 이:륙 순:서를 기다리고 있어,/
2. 저희 비행기는﹀ 출국 수속 중인 손님을 기다리고 있어,/
3. 저희 비행기는﹀ 수하물 탑재가 계:속되고 있어,/
4. 저희 비행기는﹀ 관:제탑의(에) 이:륙 허가를 기다리고 있어,/
5. 저희 비행기는﹀ 연결편 손님을 기다리고 있어,/

출발이 늦어지고 있습니다./

1. 잠:시 후:, 출발하겠으니,﹀ 양해해 주시기 바랍니다.//
2. 약 __ 시간 __ 분 후:, 출발하겠으니,﹀ 양해해 주시기 바랍니다.//
3. ___ 가 끝나는 대로 출발하겠으니,﹀ 양해해 주시기 바랍니다.//

감:사합니다.//

Ládies‿and géntlemen,/ we're now wáiting for

[léidiz n dʒéntlmén]

1. our túrn to táke-off./

   [tə́ːrn] [téikɔ̀ːf, ff발음에 유의]

2. the completion of chéck-in procédures by pássengers./

   [kəmplíːʃən] [tʃékìn] [prəsíːdʒər] [패쉰저(x)]

3. the completion of bággage (or cargo) lóading./

   [lóudiŋ]

4. the depárture (or take-off) cléarance./

   [dipáːrtʃər, r발음에 유의] [klíərəns]

5. pássenger from a connécting flíght./

   [pǽsəndʒər]

---

1. We'll depárt in‿about ___ hour(s) and ___ mínutes./
2. We'll depárt as‿soon‿as we can./

Thánk you for your understánding.//

03 CIRCLING(선회)

안내 말씀드리겠습니다. ___ 공항의

1. [짙은 안개/폭우/폭설/강풍/황사/지진]으로 인해,
2. 이착륙하는 비행기가 많아,
3. 활주로 폐쇄(비행기 사고)로 인해,

1. ___ 공항 상공을 선회하고 있어, 착륙이 늦어지고 있습니다. 자세한 상황은 확인되는 대로(상황이 나아지는 대로) 다시 안내해 드리겠습니다.
2. (착륙이 어려워) 다시 상승해 공항을 선회하고 있습니다. 약 ___ 분 후에 착륙할 예정입니다.

감사합니다.

Ladies and gentlemen,
The captain has informed us that we cannot land at this time because of

1. bad weather(dense fog / heavy rain / heavy snow / strong wind / yellow sand / an earthquake).
2. heavy traffic.
3. a runway closure(an aircraft accident).

1. We will update you soon.
2. We will make another landing approach following the instruction of the control tower in ___minutes.

Thank you.

풀이

안:내 말:씀드리겠습니다./ ___ 공항의

1. [짙은 안개/폭우/폭설/강풍/황사/지진]으로 인해,
2. 이:착륙하는 비행기가 많아,
   [창뉵카는]
3. 활주로 폐:쇄(비행기 사:고)로 인해,

1. ___ 공항 상:공을 선회하고 있어, 착륙이 늦어지고 있습니다./
   [선훼]

   자세한 상황은 확인되는 대로(상황이 나아지는 대로) 다시 안:내해 드리겠습니다.//
2. (착륙이 어려워) 다시 상승해 공항을 선회하고 있습니다./
   약 ___분 후:에 착륙할 예:정입니다.//

감:사합니다.//

Ládies‿and géntlemen,/
[léidiz n dʒéntlmén]

The captain has infórmed‿us that we cannot land at this time because of

1. bad weather(dense fog / héavy rain / héavy snow / strong wind / yellow sand / an earthquake)./ [əːrθkweik]
2. héavy tráffic./
3. a rúnway clósure(an áircraft áccident)./

1. We will update you soon.//
2. We will make another landing appróach fóllowing the instruction of the control tower in ___minutes.//
   [ənʌðər] [əpróutʃ]

Thánk you.//

04 DIVERSION(회항)

안내 말씀드리겠습니다.

1. ___ 공항의 기상 관계(짙은 안개/폭우/폭설/강풍/황사/지진)로 착륙이 불가능해
2. ___ 공항의 활주로 폐쇄로(비행기 사고로) 착륙이 불가능해
3. 응급 환자로 인해
4. 비행기 정비를 위해
5. 비행기 엔진에 새가 충돌해

1. ___ 공항에 임시 착륙하겠습니다.
2. ___ 공항으로 되돌아가겠습니다.

약 ___시간 ___ 분 후 도착할 예정이며, 자세한 사항은 다시 알려드리겠습니다.

감사합니다.

Ladies and Gentlemen,

1. Due to the weather conditions (dense fog/heavy snow/heavy rain/strong wind/yellow sand/an earth quake) at ___ airport, it has been impossible for us to land.
2. Due to a runway closure (an aircraft accident) at ___ airport, it has been impossible for us to land.
3. Due to a sick passenger,
4. Due to maintenance of this aircraft,
5. Due to a bird-strike in the engine,

1. We will have to make an unscheduled landing at ___ airport.
2. We will return to ___ airport.

We expect to arrive in ___ hour(s) ___ minutes.
We will do our best to get you to your destination as soon as possible.

Thank you.

풀이

안:내 말:씀드리겠습니다./

1. ___ 공항의 기상 관계(짙은 안개/폭우/폭설/강풍/황사/지진)로 착륙이 불가능해/
2. ___ 공항의 활주로 폐:쇄(비행기 사:고)로 착륙이 불가능해/
3. 응급 환자로 인해/
4. 비행기 정:비를 위해/
5. 비행기 엔진에 새가 충돌해/

* [비행기] 발음이 [비앵기]가 되지 않도록 주의

1. ___ 공항에 임시 착륙하겠습니다./
2. ___ 공항으로 되돌아가겠습니다./

약 ___ 시간 ___ 분 후 도착할 예:정이며,﹀ 자세한 사항은 다시 알려드리겠습니다.//

감:사합니다.//

Ládies and Géntlemen,/

1. Due to the weather conditions (dense fog/héavy rain/héavy snow/strong wind/yellow sand/an earthquake) at ___ áirport,/
   [əːrθkweik]

   it has been impóssible for us to land./
2. Due to a runway closure (an áircraft áccident) at ___ áirport,/ it has been impóssible for us to land./
3. Due to a sick pássenger,/
4. Due to maintenance of this áircraft,/
   [méintənəns]
5. Due to a bird-strike in the engine,/

1. We will have to make an unscheduled landing at ___ airport./
   [ʌnskédʒuːld]
2. We will return to ___ áirport./

We expect to arrive in ___ hour(s) ___ minutes./

We will do our best to get you to your destination as soon as póssible.//
[포씨블(×)]

Thánk you.//

05. PRE–CAUTION WHEN TAXING

안내 말씀드리겠습니다.
저희 비행기는 여러분께서 내리실 장소로 이동 중, 잠시 대기하고 있습니다.
비행기가 완전히 멈춘 후, 저희 승무원이 안내해 드릴 때까지 좌석에서
기다려 주시기 바랍니다.

감사합니다.

Ladies and gentlemen,
We're now approaching our parking area at the terminal.
Please remain seated and keep your seat belt fastened until the captain turns off the seat belt sign.

Thank you.

풀이

안:내 말:씀드리겠습니다./

저희 비행기는﹀ 여러분께서 내리실 장소로 이동 중,﹀ 잠:시 대:기하고 있습니다./

비행기가 완전히 멈춘 후:,﹀ 저희 승무원이 안:내해 드릴 때까지﹀ 좌:석에서 기다려 주시기 바랍니다.//

감:사합니다.//

Ládies‿and géntlemen,/
[léidiz n dʒéntlmén]

We're now appróaching﹀ our parking area at the términal./

Pléase remáin seated﹀ and keep your seat belt fastened﹀ until the captain túrns‿off the seat belt sign.//

Thánk you.//
[θǽŋkúː]

학습활동

❖ 사례연구

01. 항공기 De-Icing에 대해 논의해봅시다.

겨울철 항공기 안전운항의 필수조건 'DE-ICING'

겨울철에 공항을 찾은 여행객들은 항공기 날개와 주요동체에 하얀 분말을 뿌리는 모습을 종종 목격한다. 그것은 다름 아닌 겨울철 항공기 안전운항에 가장 필수적인 'De-icing'(항공기 제빙) 작업이다.

'De-icing'이란 항공기 기체 외부에 달라붙어 있는 서리나 얼음, 눈 등을 제빙액을 이용해 제거하는 것을 말한다.

항공기 운항 관련 규정에는 'Clean Aircraft'라고 해서, 항공기가 비행을 시작하기 전에 서리, 얼음, 눈은 항공기 날개와 조종면, 기타 항공기 중요 부분에서 반드시 제거되어야 한다고 명시하고 있고, 미연방항공청(FAA)은 '기체 표면 결빙 시 항공기를 이륙시킬 수 없다'라는 조항을 법규로 만들어 전 세계 공항, 항공사에서 동일하게 준수하도록 하고 있다.

이처럼 De-icing 작업이 강조되는 이유는 기체 표면이 결빙될 경우 항공기 이륙 시 필요한 충분한 양력을 확보하지 못해 이륙하지 못하거나 추락할 위험을 안고 있기 때문이다.

보통 De-icing 작업은 항공기 이륙 직전에 실시돼 20~30분 정도가 소요되는데, 이 과정에서 부득이한 지연출발이 발생하는 것으로 보면 된다. 비용은 기종과 작업 시간에 따라 다소 차이가 있지만 보통 항공기 1대당 70만~80만원이 드는 것으로 알려졌다.

출처: 세계일보

CHAPTER

12

환자 발생 시 방송, Turbulence 방송

학습목표

비정상적인 상황의 비행에서 기내방송 실시 규정에 따라 기내 응급 환자 발생 시 방송, Turbulence 방송을 수행할 수 있다.

❖ 기내응급환자 발생 시 방송(Doctor Paging)

기내에서는 종종 환자가 발생한다. 특히 장시간 비행일 경우 이코노미클라스 증후군을 비롯하여 환자들이 발생하는 경우가 많다. 두통, 소화불량과 같이 자가 진단으로 기내 응급약을 제공해 드릴 수 있는 환자부터 의사의 도움이 꼭 필요한 환자까지 많은 비정상적인 상황이 발생한다. 응급 환자가 발생했을 경우 승무원은 바로 주변 승무원에게 환자 발생을 알리고 환자를 돕는다. 전달받은 승무원은 객실사무장에게 환자 발생 사실을 알리고, 'Doctor Paging' 방송을 실시한다. 다른 승무원은 의사가 사용할 비상약 및 장비를 챙겨 환자 곁으로 온다. 이러한 상황에서 다른 승객들이 동요되지 않도록 다른 승무원들은 안내하여야 한다. 환자 발생 방송(Doctor Paging)을 하였으나 의사 및 관련 종사자가 나타나지 않을 경우 다시 한 번 방송한다. 이러한 상황에서의 방송은 방송 Duty 자가 아니어도 할 수 있다.

01 기내응급환자 발생 시 방송(Doctor Paging)

안내 말씀드리겠습니다.
지금 기내에 응급 환자가 발생했습니다.
손님 중에 의료인이 계시면 저희 승무원에게 말씀해 주십시오.

감사합니다.

May I have your attention, please?
We have a very sick passenger who requires emergency medical attention.
If there is a doctor or have medical training on board, please let us know.

Thank you.

풀이

안:내 말:씀드리겠습니다./
기내에 응:급 환:자가 발생했습니다./
손님 중에 의료인이 계:시면,﹀ 저희 승무원에게 말:씀해 주십시오.//

감:사합니다.//

May I have‿your atténtion, pléase?//
[əténʃən]

We have a very sick pássenger﹀who requíres emérgency médical
[rikwáiərz][iməːrdʒənsi][médikəl]

atténtion./

If **thére** is‿a doctor﹀or have médical tráining on board,/ pléase
[ðər; ðéər]

let‿us know.//

Thánk you.//
[θǽŋkúː]

02 TURBULENCE(기류 변화)

비행 시작 전 기장과 함께하는 브리핑에서 기장은 객실승무원들에게 해당 비행의 항로 상의 기류변화 상태에 대해 브리핑한다. 그러나 실제 비행에서는 레이더에 나타나지 않는 Air pocket이나 Turbulence가 발생하는 경우가 많다. 급작스러운 기류변화가 예상될 경우 기장은 차임벨과 함께 Seat belt sign을 켠다. 차임벨이 울리고 좌석벨트 사인이 켜지면 PA와 가장 가까이에 있는 승무원이 Turbulence 방송을 실시하여야 한다. Turbulence 방송은 비행 중 자주 하게 되는 방송이므로 암기하여 방송할 수 있도록 한다. Turbulence는 예상되는 경우/ 진행되는 경우/ 많이 흔들리는 경우/ 지속적으로 진행되는 경우 등 다양한 경우가 발생할 수 있으므로, 이를 판단하여 방송하여야 한다. 많이 흔들릴 것으로 예상되거나, 지속적으로 흔들릴 것으로 예상되는 경우에는 모든 서비스를 중단하고, 승무원들도 복도에서 서비스 Cart 등을 모두 Galley로 가져가 고정하고, Jump Seat에 앉아 좌석벨트를 매도록 한다.

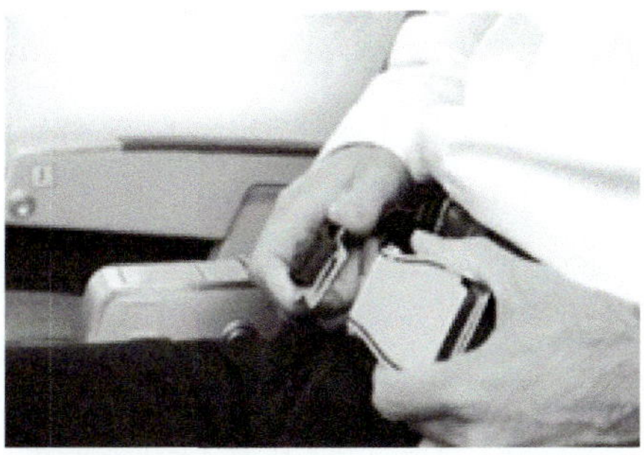

2.1 TURBULENCE: 예상/진행

- 비행 중 'FASTEN SEATBELT' 사인이 한 번 켜지면 방송한다.
- 'FASTEN SEATBELT' 사인이 한 번 켜질 때마다 반복적으로 방송한다.

손님 여러분,
① 기류변화로 비행기가 흔들릴 것으로 예상됩니다.
② 기류변화로 비행기가 흔들리고 있습니다.

좌석벨트를 매 주시기 바랍니다.
아울러 어린이의 좌석벨트 착용 상태도 확인하시기 바랍니다.

감사합니다.

Ladies and gentlemen,
① We will experience some turbulence.
② We are experiencing some turbulence.

Please fasten your seat belt.
Passengers with children, please check their seatbelt.

Thank you.

풀이

손님 여러분,﹀

① 기류변:화로 비행기가 흔들릴 것으로 예:상됩니다./

② 기류변:화로 비행기가 흔들리고 있습니다./

좌:석벨트를 매: 주시기 바랍니다./

아울러 어린이의(에) 좌:석벨트 착용 상태도 ﹀ 확인하시기 바랍니다.//

[학인(x), 이중모음 발음에 주의]

감:사합니다.//

Ládies‿and géntlemen,/

[léidiz n dʒéntlmén]

① We will expérience some túrbulence./

[tə́ːrbjuləns, r발음에 유의]

② We are expériencing some túrbulence./

[we're] [ikspíəriənsiŋ]

Pléase fásten your seatbelt.//

[패스튼(x), t는 묵음]

Pássengers with chíldren,﹀ please check their seatbelt.//

[tʃíldrən] [ðɛ́ər]

Thánk you.//

2.2 TURBULENCE: MODERATE & SEVERE

안내 말씀드리겠습니다.

① 기류변화로 비행기가 계속해서 심하게 흔들릴 것으로 예상됩니다.
② 기류변화로 비행기가 계속 흔들릴 것으로 예상됩니다.

좌석벨트를 매셨는지 다시 한 번 확인해 주시기 바랍니다.
아울러 어린이의 좌석벨트 착용 상태도 확인하시기 바랍니다.

감사합니다.

Ladies and gentlemen,

① We are continuously experiencing severe turbulence.
② We are still in area of anticipated turbulence.

For your safety, please remain seated and make sure that your seatbelt is securely fastened.
Passengers with children, please check their seatbelt.

Thank you.

풀이

안:내 말:씀드리겠습니다./

① 기류변:화로 비행기가 계속해서 심하게 흔들릴 것으로 예:상됩니다./
② 기류변:화로 비행기가 계속 흔들릴 것으로 예:상됩니다./

좌:석벨트를 매:셨는지 다시 한 번 확인해 주시기 바랍니다./

아울러 어린이의(에) 좌:석벨트 착용 상태도﹀ 확인하시기 바랍니다.//
[학인(x), 이중모음 발음에 주의]

감:사합니다.//

Ládies‿and géntlemen,﹀

① We are contínuously expériencing sevére túrbulence./
[we're] [ikspíəriənsiŋ]

② We are still in‿area of antícipated túrbulence./
[we're] [æntísəpèitid]

For your safety,/ pléase remain séated﹀and make‿sure that‿your seatbelt‿is secúrely fástened.//

Pássengers with chíldren,﹀ please check **th**eir seatbelt.//

Thank you.//

2.3 TURBULENCE: Stop service

손님 여러분,
안전을 위해 서비스를 잠시 중단하겠습니다. 기류가 안정되면 서비스를 계속하겠으니 여러분의 양해를 부탁드립니다.

감사합니다.

Ladies and gentlemen,
We are sorry that we will be unable to complete our service, until the turbulence ends.

Thank you for your understanding.

풀이

손님 여러분,/
안전을 위해 서비스를 잠시 중단하겠습니다./
기류가 안정되면 서비스를 계:속하겠으니﹀ 여러분의 양해를 부탁드립니다.//

감:사합니다.//

Ládies‿and géntlemen,﹀
[léidiz n dʒéntlmén]

we are sorry﹀ that we will be unáble to compléte our sérvice,﹀
['r'발음 주의, 써비스(x)]

until the túrbulence ends./

Thánk you for your understánding.//
[θǽŋkúː]

학습활동

❖ 사례연구

비행기에서 출산한 경우 아기의 국적은?

우리나라에서 가장 최근에 이루어진 기내출산은 지난 2010년 11월 중순 한국계 미국인인 산모가 LA발 인천행 대한항공 기내에서 건강한 남자 아기를 낳은 사건이다. 천만다행으로 비행기 안에 베테랑 미국인 조산사와 아산병원 심장내과 전문의가 타고 있었기 때문에 산모는 진통을 시작한지 1시간 만에 태평양 상공에서 출산에 성공했다.

이처럼 비행기에서 출산한 경우 아기의 국적은 어떻게 될까? 보통 국적은 속지주의냐, 속인주의냐에 따라서 결정된다.

속지주의는 미국과 캐나다 등에서 채택하고 있는데 태어난 장소가 어디냐에 따라 국적을 부여하는 것이고, 속인주의는 우리나라의 방식으로 태어난 장소와 상관없이 부모의 국적에 따라 국적이 결정되는 것을 말한다. 비행기에서 태어난 아이의 국적은 속인주의라면 부모의 국적을 그대로 따르면 되니 간단하다. 하지만 속지주의일 때 문제가 생긴다. LA발 인천행 비행기의 기내가 어느 나라 땅인지를 해석해야 하는 것이다. 보통 국제선 항공기의 내부는 목적지 국가의 영토로 간주하도록 되어 있다. 그러니까 LA발 인천행 비행기는 한국 영토인 것이다. 하지만, 출국심사대를 통과하고 입국심사대로 들어오기까지의 공간을 '어느 나라에도 속하지 않는 공역'으로 보는 경우도 있다.

실제로 이런 비슷한 사건이 일어난 적이 있다. 우간다 국적의 여성이 미국으로 가는 비행기 안에서 출산을 했는데, 당시 비행기는 캐나다 상공을 날고 있었다. 이 아기는 어느 나라 국적을 부여받았을까? 엄마를 따라 우간다 국적? 아니면 목적지인 미국? 그도 아니면 실제 출산이 이루어진 캐나다?

당시 상황에서 아기 엄마는 우간다와 미국, 캐나다의 국적을 모두 가질 수 있는 상황이었고 결국 캐나다 정부가 '캐나다의 영공도 속지주의의 적용대상'이라고 인정을 해 아기는 캐나다 국민이 되었다고 한다.

이 같은 해프닝은 극히 드문 경우일뿐더러 불가피한 상황에서 일어나는 일이다. 기내에서 출산하는 것은 정상 분만보다는 잘못될 가능성이 훨씬 높다. 이 때문에 우리나라 항공사들은 조산의 위험이 있는 임신 32주차 이상의 산모가 비행기 탑승을 하게 될 경우에는 의사의 소견서를 첨부하고, 문제가 생겼을 때 본인이 책임진다는 서약서를 쓰도록 하고 있다.

출처: 노컷뉴스 2013.9.23.

01. 위의 사례처럼 기내에서 출산이 이루어 질 경우 승무원은 환자 발생 방송 시 추가로 어떤 방송을 하면 좋을까요?

미리 해보는 세계여행 ⑨

: 터키편

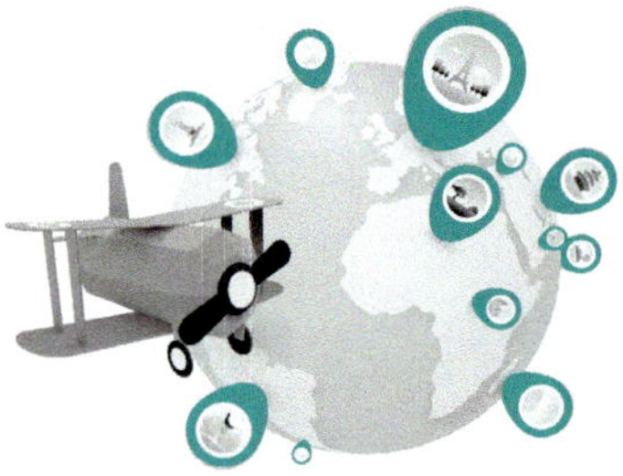

이스탄불 여행

✔ 동서양이 절묘하게 조화된 모습을 간직하고 있는 신비로운 도시

✔ 세계를 지배한 3대 강국인 로마, 비잔틴, 오스만제국의 수도이기도 했기에 오늘날까지도 도시 곳곳에 과거 번영의 흔적들을 고스란히 보존하고 있다.

✔ 가봐야 할 관광지로는 아야소피아 성당, 톱카프 궁전, 히포드롬 광장 등이 있다.

아야소피아 성당

톱카프 궁전

PART 07

기내방송연습 II

– IRREGULAR ANNOUNCEMENT II

In-Flight
Announcement

CHAPTER

13 항공기 변경 및 교체, 고객 불편 안내방송

학습목표

비정상적인 상황의 비행에서 기내방송 실시 규정에 따라 항공기 변경 및 교체, 고객 불편 안내방송을 수행할 수 있다.

비정상적인 상황에서는 항공기가 변경되거나 교체되기도 한다. 이는 안전운항을 위한 조치이기도 하고, 항공법상 승무원의 근무시간 초과 위반을 방지하기 위해서이기도 하다. 비정상적인 상황은 예상치 못한 상황에서 발생하므로 당황하지 말고 신속하게 판단하고 정확하게 방송하도록 한다.

항공기가 변경 또는 교체되는 경우는 항공기 정비로 인한 문제가 주를 이룬다. 이러한 상황에서는 자세한 사유를 설명하여 고객 불만이 나오지 않도록 하고 또한 승객들이 불안해하지 않도록 하는 것이 중요하다. 따라서 비정상적인 상황에서 하게 되는 방송문도 평상시에 자주 읽어보고 익혀야 한다. 왜냐하면, 비정상적인 상황에서는 승무원도 역시 당황하여 해당 방송문을 찾기가 어렵고, 자주 접하지 않은 방송을 하는 경우에는 상황에 대한 내용을 정확하게 전달하지 못해 승객들의 불안을 초래할 수 있기 때문이다.

01 항공기 변경 및 교체

1.1 Return From a Taxiway

안내 말씀드리겠습니다. 저희 비행기는

1. 항공기 정비를 위해
2. 응급 환자가 생겨
3. 잘못 탄 손님이 내리기 위해
4. 관제탑의 지시에 따라(활주로에 이상이 생겨)

출발 지점으로 되돌아가겠습니다. 손님 여러분께 불편을 드려 대단히 죄송합니다.
감사합니다.

Ladies and gentlemen,

We must return to the terminal area

1. due to maintenance of this aircraft
2. due to sick passenger
3. due to a passenger who has mistakenly boarded this aircraft
4. due to orders from the control tower

We are very sorry for the inconvenience and we appreciate your understanding.

Thank you.

풀이

안: 내 말씀드리겠습니다. 저희 비행기는
[비앵-기(×)]

1. 항: 공기 정비를 위해﹀
2. 응급 환자가 생겨﹀
3. 잘못 탄 손님이 내리기 위해﹀
4. 관제탑의 지시에 따라(활주로에 이상이 생겨)﹀

출발 지점으로 되돌아가겠습니다./ 손님 여러분께 불편을 드려 대단히 죄송합니다.//
감사합니다.//

Ládies‿and géntlemen,/
We must return to the terminal area﹀

1. due to maintenance of this áircraft./
2. due to sick pássenger./
[pǽsəndʒər]
3. due to a passenger﹀ who has mistakenly boarded this áircraft./
4. due to orders from the control tower./

We are very sorry for the inconvenience﹀ and we appreciate your understanding.//

Thank you.
[θǽŋkúː]

1.2 Flight Cancellation / Delayed Operation

안내 말씀드리겠습니다.

<table>
<tr><td rowspan="2">최초접수</td><td>1. 이곳 ___ 공항의 기상악화로,
2. 이곳 ___ 공항의 활주로가 폐쇄되어,
3. 항공기 정비 관계로,</td></tr>
<tr><td>운항이 취소(연기)됐습니다.</td></tr>
<tr><td rowspan="2">Hotel 체재
결정 시</td><td>1. 기상이 나아지지 않아
2. 활주로 폐쇄 조치가 계속되어
3. 항공기 정비가 끝나지 않아 오늘 출발하지 못하고,</td></tr>
<tr><td>________ 에서 머무르게 됐습니다.</td></tr>
</table>

손님 여러분께서는 모든 짐을 갖고 내리셔서 공항 직원의 안내를 받으시기 바랍니다.
손님 여러분께 불편을 드려 대단히 죄송합니다.

감사합니다.

Ladies and Gentlemen,

1st Information	1. due to bad weather conditions at ___ airport, 2. due to runway closure at ___ airport, 3. due to maintenance of this aircraft,
	we regret to announce that this flight has been cancelled (delayed).
Hotel stay	We will stay overnight here in ___.
	1. due to the fact that weather conditions have not improved. 2. due to a continuous runway closure. 3. due to the unfinished maintenance of this aircraft.

Please deplane with all your belongings and follow the guidance of our ground staff (cabin crew). We are very sorry for this inconvenience and we appreciate your understanding.

Thank you.

풀이

안:내 말씀드리겠습니다./

<table>
<tr><td rowspan="2">최초접수</td><td>1. 이곳 ___ 공항의 기상악화로,﹀
[에]
2. 이곳 ___ 공항의 활주로가 폐쇄되어,﹀
[에]
3. 항:공기 정비 관계로,﹀</td></tr>
<tr><td>운항이 취소(연기)됐습니다.//</td></tr>
<tr><td rowspan="2">Hotel 체재 결정 시</td><td>1. 기상이 나아지지 않아﹀
2. 활주로 폐쇄 조치가 계속되어﹀
3. 항공기 정비가 끝나지 않아 오늘 출발하지 못하고,﹀</td></tr>
<tr><td>________ 에서 머무르게 됐습니다.//</td></tr>
</table>

손님 여러분께서는 모든 짐을 갖고 내리셔서 공항 직원의 안내를 받으시기
[에]
바랍니다.//
손님 여러분께 불편을 드려 대단히 죄송합니다.//

감사합니다.//

Ládies‿and géntlemen,﹀

[léidiz n dʒéntlmén]

1st Information	1. due to bad weather conditions at ___ airport,﹀ 2. due to runway closure at ___ airport,﹀ 3. due to maintenance of this aircraft,﹀
	we regret to announce that this flight has been cancelled (delayed)./
Hotel stay	We will stay overnight here in ___./
	1. due to the fact that weather conditions have not improved./ 2. due to a continuous runway closure./ 3. due to the unfinished maintenance of this aircraft./

Pléase deplane with all‿your‿belongings﹀ and follow the guidance of our ground staff (cabin crew)./

We are very sorry for this inconvenience﹀ and we appreciate your understanding.//

Thánk you.//

1.3 Aircraft Changes

안내 말씀드리겠습니다.

1. 비행기 점검 관계로
2. 조류 충돌로 인한 비행기 엔진 이상으로

여러분을 다른 비행기(항공사)로 모시게 되었습니다.
모든 짐을 가지고 내리셔서

1. 공항 대합실에서 기다려 주시기 바랍니다.
2. 저희 공항 직원의 안내를 받으시기 바랍니다.

손님 여러분께 불편을 드려 대단히 죄송합니다.

Ladies and Gentlemen,

1. in order to ensure a safe flight, we have been requested to change to another aircraft.
2. due to a bird-strike, which has caused engine damage, we have been requested to change to another aircraft.

Please exit the aircraft with all your belongings

1. and wait in transit lounge.
2. and follow the guidance of our ground staff.

We are very sorry for this inconvenience and we appreciate your understanding.

Thank you.

풀이

안:내 말씀드리겠습니다./

1. 비:행기 점검 관계로
2. 조류 충돌로 인한 비행기 엔진 이상으로

여러분을 다른 비:행기(항공사)로 모시게 되었습니다./
모든 짐을 가지고 내리셔서

1. 공항 대합실에서 기다려 주시기 바랍니다./
2. 저희 공항 직원<u>의</u> 안내를 받으시기 바랍니다./
[에]

손님 여러분께 불편을 드려 <u>대단히</u> 죄송합니다.//
[천천히]

Ládies‿and géntlemen,/

[léidiz n dʒéntlmén]

1. in order to ensure a safe flight, we have been requested to change to another aircraft./
2. due to a bird-strike, which has caused engine damage, we have been requested to change to another aircraft./

Pléase exit the áircraft with all‿your‿belongings

1. and wait in transit lounge./
2. and follow the guidance of our ground staff./

We are very sorry for this inconvenience and we appreciate your understanding.//

Thank you.//

02 고객 불편 안내 방송

2.1 HOT TEMPERATURE

안내 말씀드리겠습니다.

택 1	지상에서는 에어컨이 약하게 작동해 기내가 덥습니다.
	보조 동력장치 고장으로 에어컨이 작동하지 않아 기내가 덥습니다.

이륙 후 (잠시 후) 에어컨이 정상적으로 작동되겠습니다.
손님 여러분께 불편을 드려 대단히 죄송합니다.

Ladies and gentleman,

Choose 1	the air conditioning system is not operating at full power when the aircraft is on the ground.
	due to a problem with the A.P.U the cabin temperature may be uncomfortable.

The air conditioner will resume normal operation following take-off and the cabin temperature will be adjusted for your comfort.
We are sorry for this inconvenience and we appreciate your understanding.

Thank you.

풀이

안: 내 말씀드리겠습니다./

택 1	지상에서는 에어컨이 약하게 작동해 기내가 덥습니다./
	보조 동력장치 고장으로﹀ 에어컨이 작동하지 않아 기내가 덥습니다./

이: 륙 후: (잠시 후) 에어컨이 정상적으로 작동되겠습니다./
손님 여러분께 불편을 드려 대단히 죄송합니다.//

Ládies‿and géntlemen,/
[léidiz n dʒéntlmén]

Choose 1	the air conditioning system is not operating at full power﹀ when the aircraft is on the ground./
	due to a problem with the A.P.U the cabin temperature may be uncomfortable./

The air conditioner will resume normal operation following take-off﹀ and the cabin temperature will be adjusted for your comfort./
We are sorry for this inconvenience﹀ and we appreciate your understanding.//

Thank you.//

2.2 NEWSPAPER AVAILABILITY(DURING HOLIDAYS)

안내 말씀드리겠습니다. 오늘은 신문 휴간일로

택 1	신문 서비스를 해드리지 못하니 양해해 주시기 바랍니다.
	한국 신문(영자신문)만 실렸으니 양해해 주시기 바랍니다.

고맙습니다.

Ladies and gentlemen, due to the holidays(s),

Choose 1	newspapers were not published today.
	only Korean Newspapers (and English) are available today.

We appreciate your understanding.
Thank you.

풀이

안:내 말씀드리겠습니다./ 오늘은 신문 휴간일로

택 1	신문 서비스를 해드리지 못하니 양해해 주시기 바랍니다./
	한:국 신문(영자신문)만 실렸으니 양해해 주시기 바랍니다./

고맙습니다.//

Ládies‿and géntlemen,/
[léidiz n dʒéntlmén]

due to the holidays(s),

Choose 1	newspapers were not published today./
	only Korean Newspapers (and English) are available today./

We appreciate your understanding.//
Thank you.//

2.3 VIDEO / AUDIO

안내 말씀드리겠습니다.

<table>
<tr><td rowspan="3">B747
B767</td><td>비디오 (오디오) 장비 고장으로 (__열부터 __열까지)</td><td rowspan="3">예정된 영화를 상영하지 못하게 되었습니다.</td></tr>
<tr><td>비디오 프로그램 공급 차질로</td></tr>
<tr><td>비디오테이프 고장으로</td></tr>
<tr><td>B777
A330</td><td colspan="2">시스템 고장으로 오디오, 비디오와 게임 서비스를 중단하겠습니다.</td></tr>
</table>

손님 여러분께 불편을 드려 대단히 죄송합니다.
고맙습니다.

Ladies and gentleman,

<table>
<tr><td rowspan="3">B747
B767</td><td>due to technical difficulties with the video system,</td><td rowspan="3">we are unable to show our video program(front row ___ to row ___)</td></tr>
<tr><td>due to problems with video players</td></tr>
<tr><td>due to problems with the video tape,</td></tr>
<tr><td>B777
A330</td><td colspan="2">due to problems with the Interactive System, we will stop the Audio, Video and Computer Game Programs.</td></tr>
</table>

We are very sorry for inconvenience and we appreciate your understanding.
Thank you.

풀이

안 : 내 말씀드리겠습니다./

<table>
<tr><td rowspan="3">B747
B767</td><td>비디오 (오디오) 장비 고장으로 (__ 열부터 __열까지)</td><td rowspan="3">예정된 영화를 상영하지 못하게 되었습니다.</td></tr>
<tr><td>비디오 프로그램 공급 차질로</td></tr>
<tr><td>비디오테이프 고장으로</td></tr>
<tr><td>B777
A330</td><td colspan="2">시스템 고장으로 오디오, 비디오와 게임 서비스를 중단하겠습니다./</td></tr>
</table>

손님 여러분께 불편을 드려 대단히 죄송합니다.//

고맙습니다.//

<u>Ládies‿and géntlemen,/</u>

[léidiz n dʒéntlmén]

<table>
<tr><td rowspan="3">B747
B767</td><td>due to technical difficulties with the video system,</td><td rowspan="3">we are unable to show our video program(front row ___ to row ___)</td></tr>
<tr><td>due to problems with video players</td></tr>
<tr><td>due to problems with the video tape,</td></tr>
<tr><td>B777
A330</td><td colspan="2">due to problems with the Interactive System,∨ we will stop the Audio, Video and Computer Game Programs./</td></tr>
</table>

We are very sorry for inconvenience∨ and we appreciate your understanding.//

Thank you.//

2.4 INTERACTIVE SYSTEM OUT OF ORDER

안내 말씀드리겠습니다.

Re-booting	시스템 이상으로 약_분간 일부 프로그램을 중단한 후 재작동하겠습니다.
시스템 고장	**[PC게임 사용 불가 & Audio & Video 서비스 가능]** - 시스템 고장으로 컴퓨터 게임을 제외한 오디오, 비디오 서비스만 이용하실 수 있습니다.
	[일부 좌석에 AUDIO/ VIDEO/ PC GAME 서비스 불가] - 시스템 이상으로, 일부 좌석의 오디오, 비디오와 컴퓨터 게임이 작동되지 않습니다.

손님 여러분께 불편을 드려 대단히 죄송합니다.

Ladies and gentlemen,

Re-booting	due to a problem with the Interactive System, we will reboot and try again. The Interactive System should be available in minutes.
System failure	**[WHEN PC GAMES ARE OUT OF ORDER: AUDIO & VIDEO SERVICE]** - due to a problem in the Interactive function of the System, we are only able to provide you with the Audio and Video programs. Computer games are not available at this time. **[WHEN INTERACTIVE SYSTEM IS OUT OF ORDER]** - due to problems with the system, some passengers will be unable to access the Interactive Audio, Video and Computer Games.

We are very sorry for this inconvenience and we appreciate your understanding.

Thank you.

풀이

안: 내 말씀드리겠습니다./

Re-booting	시스템 이상으로 약__분간 일부 프로그램을 중단한 후: 재작동하겠습니다./
시스템 고장	**[PC게임 사용 불가 & Audio & Video 서비스 가능]** 시스템 고장으로 컴퓨터 게임을 제외한 오디오, 비디오 서비스만 이용하실 수 있습니다./
	[일부 좌석에 AUDIO/ VIDEO/ PC GAME 서비스 불가] 시스템 이상으로, 일부 좌석의 오디오, 비디오와 컴퓨터 게임이 작동되지 않습니다./

손님 여러분께 불편을 드려 대단히 죄송합니다.//

Ládies‿and géntlemen,/
[léidiz n dʒéntlmén]

Re-booting	due to a problem with the Interactive System,﹀ we will reboot and try again./ The Interactive System should be available in ___ minutes./
System failure	**[WHEN PC GAMES ARE OUT OF ORDER: AUDIO & VIDEO SERVICE]** - due to a problem in the Interactive function of the System, ﹀ we are only able to provide‿you with the Audio and Video programs./ Computer games are not available at this time./ **[WHEN INTERACTIVE SYSTEM IS OUT OF ORDER]** - due to problems with the system,﹀ some passengers will be unable to access the Interactive Audio,﹀ Video and Computer Games./

We are very sorry for this inconvenience﹀ and we appreciate your understanding.//

Thank you.//

학습활동

❖ 사례연구

01. 아래의 상황처럼 아이가 많이 아파 항공기가 다시 Ramp로 돌아갈 경우 승객들에게 어떤 방송을 하면 적합할까요?

아이가 아파서 항공기 회항

000은 아이와 남편과 함께 여행을 하게 되었다. 그러나 아이 건강상의 문제로 비행기 이륙이 지연되는 일이 발생한 데 대해 사과와 감사의 뜻을 전했다. 000는 지난 14일 인스타그램에 "오늘 한국으로 출발하려는 비행기 안에서 너무나 큰일이 있었습니다."라는 내용의 글을 올렸다.

"평온하던 00가 갑자기 경기를 일으키며 눈이 뒤집어지고 호흡이 곤란한 상황이 왔습니다. 다행히 기내에 의사 선생님이 계셔서 응급처치를 해주셨습니다."라며 당시 상황을 전했다. 이후 앰뷸런스를 타고 근처 병원으로 이동해 치료를 받고 숙소로 돌아왔다고 한다.

그녀는 "이 글을 보시는 분 중에는 아이가 아파서 이륙하려던 비행기까지 멈췄으면서 SNS에 올리고 싶냐"는 생각을 하실 수도 있습니다. 그럼에도 불구하고 제가 이 글을 올리는 이유는 감사의 말씀을 이렇게라도 전하고 싶기 때문입니다"라고 말했다.

기내에서 아이를 걱정해준 승객과 승무원에게도 감사를 표했다. "승객분들, 승무원분들, 기장님들 한 분 한 분 다 감사드립니다. 같이 걱정해주셨고 내리는 순간에 저희 남편이 죄송하다는 말씀을 드릴 때도 괜찮다며 죄송해하지 말라던 말씀이 너무나 마음에 깊이 남아 감사의 인사를 꼭 전하고 싶었습니다. 덕분에 무사히 치료를 받을 수 있었습니다"라고 말했다. 이어 "너무나 큰 민폐를 끼쳤습니다."라며 고맙고 미안한 마음을 재차 강조했다.

남편 역시 자신의 인스타그램에 "정말 세상 사람들이 믿는 모든 신에게 감사한 마음뿐이다. 이런 게 부모가 느낄 수 있는 최악의 감정이 아닐까 싶었다. 정말 세상의 모든 부모들을 존경할 뿐이다"고 말했다.

이어 "저희 때문에 약 3시간을 늦게 출발하신 6월 13일 #토론토 발 #인천 도착 #대한항공 #KE074 편에 탑승하신 모든 승객분들께 감사하고 정말 죄송하다"라며 딸의 응급처치를 위해 애써준 이들에게 감사한 마음을 표했다.

또한, 아이에게 응급처치를 해준 의사를 찾고 싶다고 했다. "의사 선생님 혹시라도 이 글을 보시면 꼭 연락주십시오. 작더라도 보답을 드리고 싶습니다. 정말 너무나 감사드립니다. 대한항공 보안상 절대로 개인 정보는 못 주신다고 해서 이렇게라도 인사드립니다. 혹시라도 보시면 꼭꼭 연락주십시오."라고 말했다.

출처: 영남일보 2017년 6월 15일

미리 해보는 세계여행 ⑩

: 영국편 

서유럽 런던 여행

✔ 영국의 수도로 정치, 경제, 문화, 교통의 중심지이며, 세계 최대 도시 중 하나

✔ 버킹엄 궁전: 1703년 버킹엄 공작 존 셰필드의 저택으로 지어졌으며, 1837년 빅토리아 여왕의 즉위식 때 궁전으로 사용

✔ 내셔널 갤러리: 영국 최고의 미술관으로 주로 19세기 후반 르네상스 시대의 작품이 소장되어 있다.

✔ 그 밖에 가야 할 명소는 하이드 파크, 웨스트민스터 궁전, 그리고 다이애나 왕비가 살았던 켄싱턴 궁 등이 있다.

버킹엄 궁전

하이드 파크

참고문헌

- 대한항공, 아시아나항공, 이스타항공 기내방송문
- '방송언어연구', 김상준, 커뮤니케이션북스
- '스피치 앤 커뮤니케이션', 우설리 외, 구민사
- '아나운서로 가는 길'. 이규항, 에듀그린
- '아나운서 방송 교본 I, II', KBS 한국어연구회
- 아시아나항공 기내방송 매뉴얼
- 영어발음 & 리듬 훈련노트, 이성엽, 길벗이지톡
- '영어발음 완전마스터', 박완규, 토마토
- 영어발음 제1법칙, 안성준, 나
- '영어음성학의 이론과 실제', 구봉림, 신아사

| 저자소개

■ **박연옥**

경영학박사

전) 아시아나항공

현) 호남대학교 항공서비스학과 교수

■ **윤선정**

관광학박사

전) 아시아나항공

현) 한양여자대학교 항공과 교수

Airline In-flight Announcement

항공기내방송

발행일 I 2019년 9월 5일 초　판 발행
2020년 9월 4일 2판1쇄 발행

발행인 I 모흥숙
발행처 I 도서출판 새로미

저자 I 박연옥, 윤선정

주소 I 서울 용산구 한강대로 104 라길 3
전화 I 02) 523-5903~4
팩스 I 02) 2693-2437

E-mail I seromi@seromi.kr
Homepage I www.seromi.kr

ISBN I 978-89-6476-410-7
정가 I 19,000원
